GUNDEL HUSCHKA
GUDRUN BÄHR

QUERFLÖTEN SCHULE

FÜR JUGENDLICHE UND ERWACHSENE

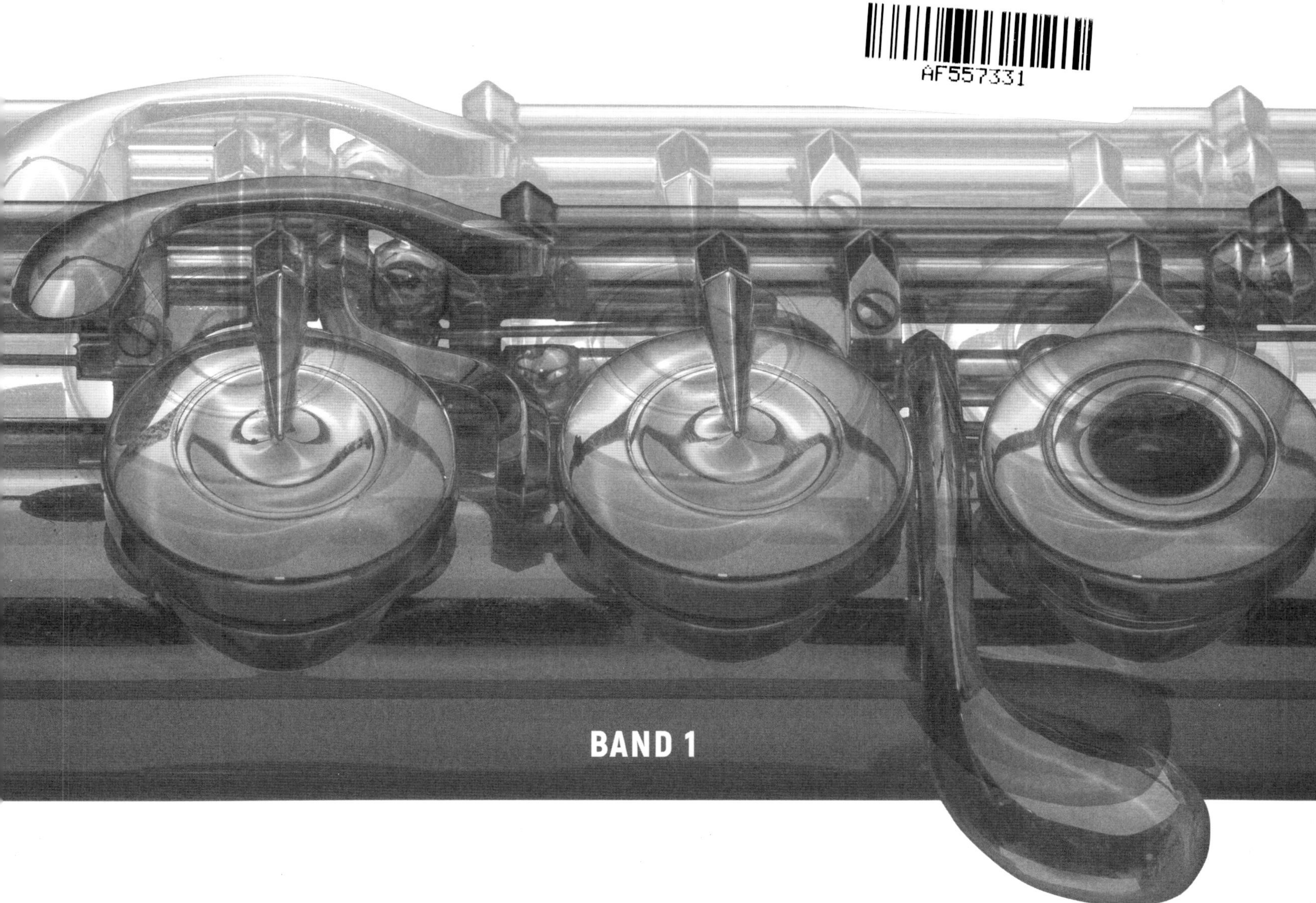

BAND 1

Gundel Huschka und Gudrun Bähr unterrichten seit über 20 Jahren Querflöte am Labenwolf-Gymnasium, dem musischen Gymnasium der Stadt Nürnberg.

Gundel Huschka studierte Querflöte bei Hans-Peter Schmitz in Berlin und schloss ihr Studium als Orchestermusikerin und Privatmusiklehrerin ab. Nach einer weiteren Ausbildung zur Grundschullehrerin wandte sie sich wieder der Flöte zu und bekam durch Hermann Klemeyer, Gunther Pohl und James Galway entscheidende Impulse. Außer ihrer Konzerttätigkeit im In- und Ausland spielte sie zeitgenössische Werke beim Bayerischen Rundfunk ein.

22 Jahre lang war Gundel Huschka Dozentin an der Erziehungswissenschaftlichen Fakultät der Universität Erlangen-Nürnberg und einige Zeit Jurorin beim Nordbayerischen Musikbund und bei „Jugend musiziert". Außerdem betreut sie als Mentorin die Praktika der Studierenden des künstlerisch-pädagogischen Studiums der Nürnberger Hochschule für Musik.

In ihrer Freizeit widmet sich Gundel Huschka hauptsächlich dem Chorgesang.

Gudrun Bähr wurde in Montevideo/Uruguay geboren und wuchs in Südamerika auf. Sie studierte Querflöte und Blockflöte am Nürnberger Meistersinger-Konservatorium und schloss dort mit der staatlichen Musiklehrerprüfung ab. Ihr anschließendes Studium an der Hochschule für Musik in Frankfurt/Main beendete sie mit der künstlerischen Reifeprüfung für Querflöte. Zahlreiche Konzerte in Deutschland und Südamerika belegen ihre künstlerische Arbeit als Solistin wie auch in kammermusikalischen Besetzungen. Sie wirkte an einer Vielzahl von Uraufführungen von Werken zeitgenössischer Komponisten sowie an Rundfunk-, TV- und CD-Produktionen mit.

Gudrun Bähr arbeitete als Dozentin für Querflöte und Methodik an den Berufsfachschulen für Musik in Dinkelsbühl und Sulzbach-Rosenberg. 2005 übernahm sie einen Lehrauftrag an der Hochschule für Musik in Nürnberg. Als Jurorin ist sie beim Nordbayerischen Musikbund und bei „Jugend musiziert" tätig.

Wir möchten uns besonders herzlich bedanken:
- bei unseren Männern, die uns in vielfältiger Weise unterstützt haben,
- bei den zahlreichen Kolleginnen für ihre fachdidaktische Hilfe,
- bei Andrea Schmid und Gerhard Illig für die wunderbaren Fotos
- und nicht zuletzt bei Gerhard Halbig und Uwe Sieblitz für die vertrauensvolle Zusammenarbeit.

VHR 3663 / ISMN 979-0-2013-0997-2 / ISBN 978-3-86434-097-0

Umschlaggestaltung und Fotos: Gerhard Illig Kommunikation, Erlangen
Satz und Layout: Regina Krauß

www.holzschuh-verlag.de

Wenn du gerne lernst, wirst du auch viel lernen.
Was du gelernt hast, erhalte durch Übung.

Isokrates (436–338 v. Chr.)

Vorwort

Die Idee zu einer Querflöten-Schule entstand in einem unserer unzähligen Gespräche über flötenpädagogische Themen. Alles, was in diese beiden Bände eingeflossen ist, haben wir im Laufe vieler Jahre mit Erfolg im Unterricht angewandt.

Es hat sich herausgestellt, dass das Erfassen der Rhythmen eine große Hürde bildet. So kamen wir auf den Gedanken, eine kontinuierliche Rhythmusschulung anzubieten: Die rhythmischen Übungen beziehen sich auf das aktuelle oder nächste Stück oder sind als Wiederholung gedacht. Dieser „rote Faden" behandelt besondere Tücken wie Punktierungen, Synkopen, Pausen und lange Noten. Die in ansteigendem Schwierigkeitsgrad geordneten Rhythmen können geklatscht, getrommelt, gesprochen ... werden.

Gelegentlich haben wir einen Text unterlegt, der die Erinnerung erleichtern soll. Manche Beispiele sind verfilmt. Über einen QR-Code oder über die Holzschuh-Website kommt man zu Leonard Hettichs humorvollen Filmen.

Ein besonderes Anliegen ist uns das frühe Überblasen in die zweite Oktave. Damit machen wir nur gute Erfahrungen, denn es fördert die Lippen- und Körperspannung enorm und erweitert somit die Literaturauswahl erheblich.

Wir haben uns ganz bewusst für die zweistimmige Fassung der meisten Stücke entschieden. Dies erleichtert den Einstieg in das Ensemblespiel, denn die wahre Freude am Musizieren entsteht beim gemeinsamen Tun. Oft haben wir Akkorde ergänzt, sodass auch eine Begleitung mit Klavier oder Gitarre möglich ist.

Unsere Überzeugung ist, dass ein Instrument nur mit Hilfe einer fachkundigen Anleitung gelernt werden kann. Da jeder Lehrer oder jede Lehrerin ein eigenes Unterrichtskonzept verfolgt, haben wir unsere Angaben zu musikalischen und spieltechnischen Aspekten wie Ansatz, Atemzeichen, Artikulation oder Haltung knapp formuliert.

Gedanken und Anregungen sind bei uns immer willkommen. Auf der Internetseite www.floetenreihe.de werden neue Rhythmusfilme und Einspielungen einzelner Stücke zu finden sein.

Besonders dankbar sind wir unseren vielen Schülerinnen, die für uns die besten Lehrerinnen waren. Sie haben sich immer wieder von unserer Begeisterung für dieses wunderbare Instrument anstecken lassen.

Gundel Huschka und Gudrun Bähr

Begleitwort

Mit Freude möchte ich diese Querflötenschule empfehlen.

Den beiden Autorinnen Gundel Huschka und Gudrun Bähr gelingt es mit einer großen Bandbreite an Stücken und Ideen, den Jugendlichen und Erwachsenen auf kreative Art das Flötespielen beizubringen.

Die Erfahrung der zwei versierten Pädagoginnen gewährleistet eine klassische und solide Grundausbildung. Dies ist die Intention dieser Querflötenschule, die aus jahrzehntelanger Praxis entstanden ist.

Bemerkenswert sind im ersten Band die rhythmischen Übungen und im zweiten Band die zahlreichen Hinweise und Tipps zur Unterstützung des richtigen Übens, zu stilistischen Merkmalen oder Anregungen zu außergewöhnlichen Techniken (wie z. B. das Beatboxing).

Prof. Anne-Cathérine Heinzmann, Hochschule für Musik, Nürnberg

Die Querflöte

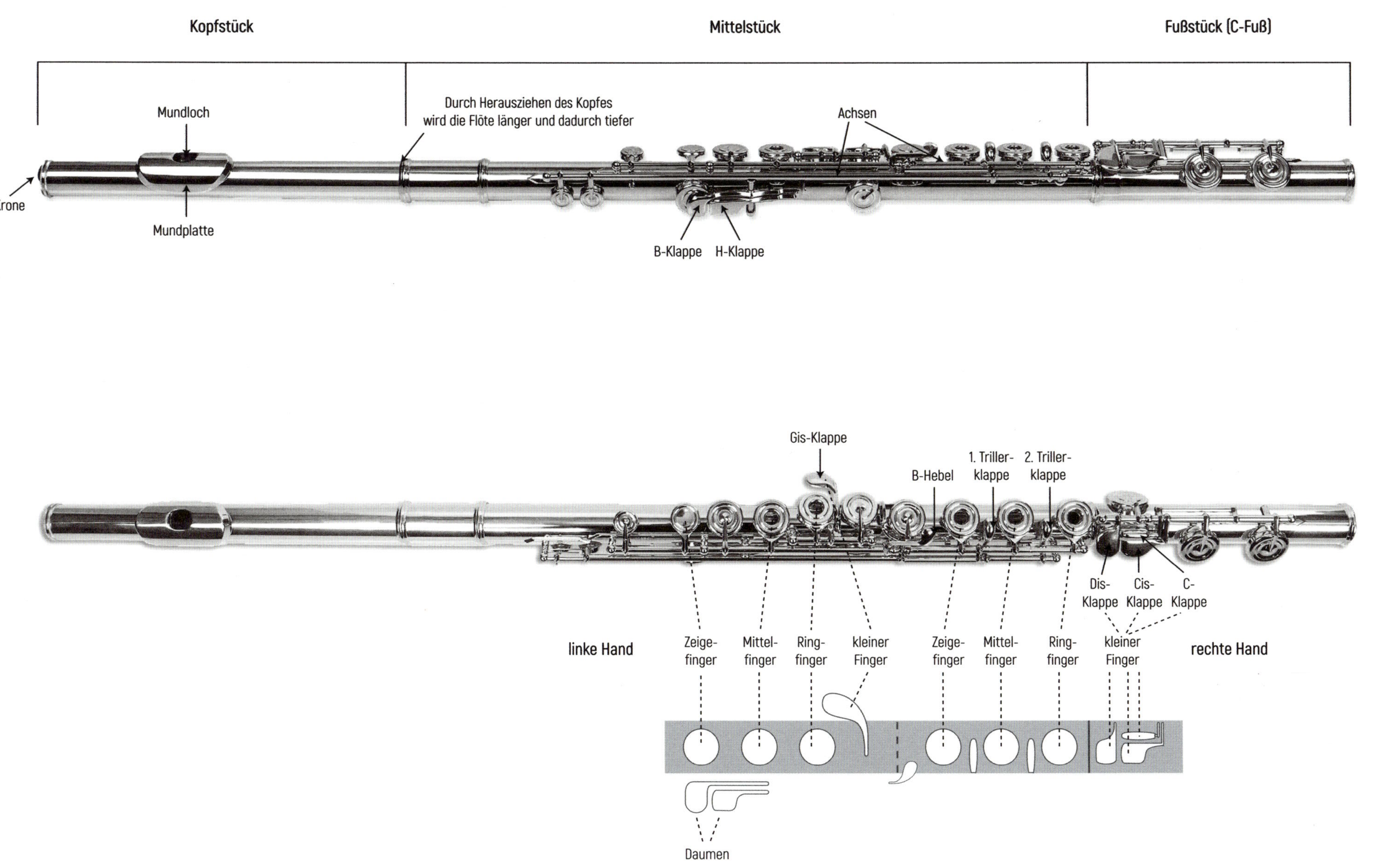

Inhaltsverzeichnis

Anhang

Der Ansatz

Die lächelnden Lippen sind leicht gespannt und bilden eine kleine Öffnung (Düse).

Das Flötenmundloch und die Lippenöffnung sind mittig.

Der Luftstrom trifft auf die gegenüberliegende Mundlochkante und fließt gleichmäßig – etwa wie beim Kühlen einer heißen Suppe.

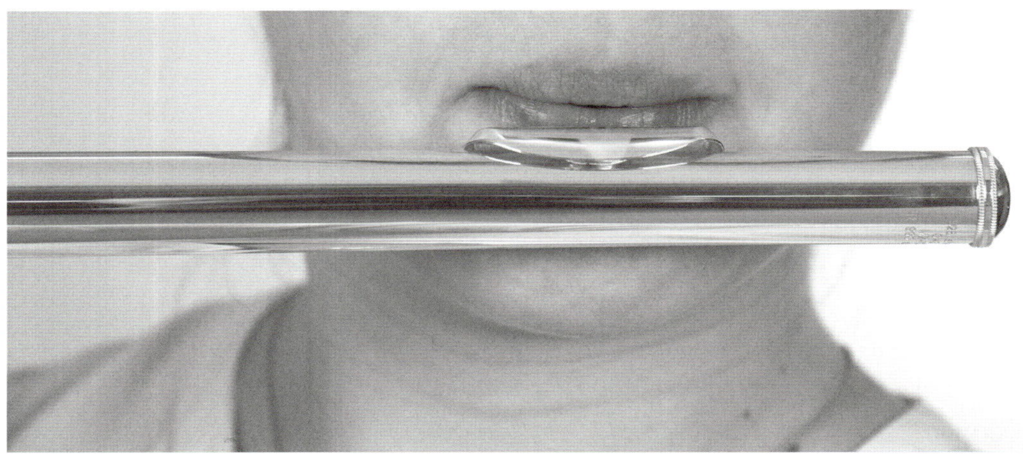

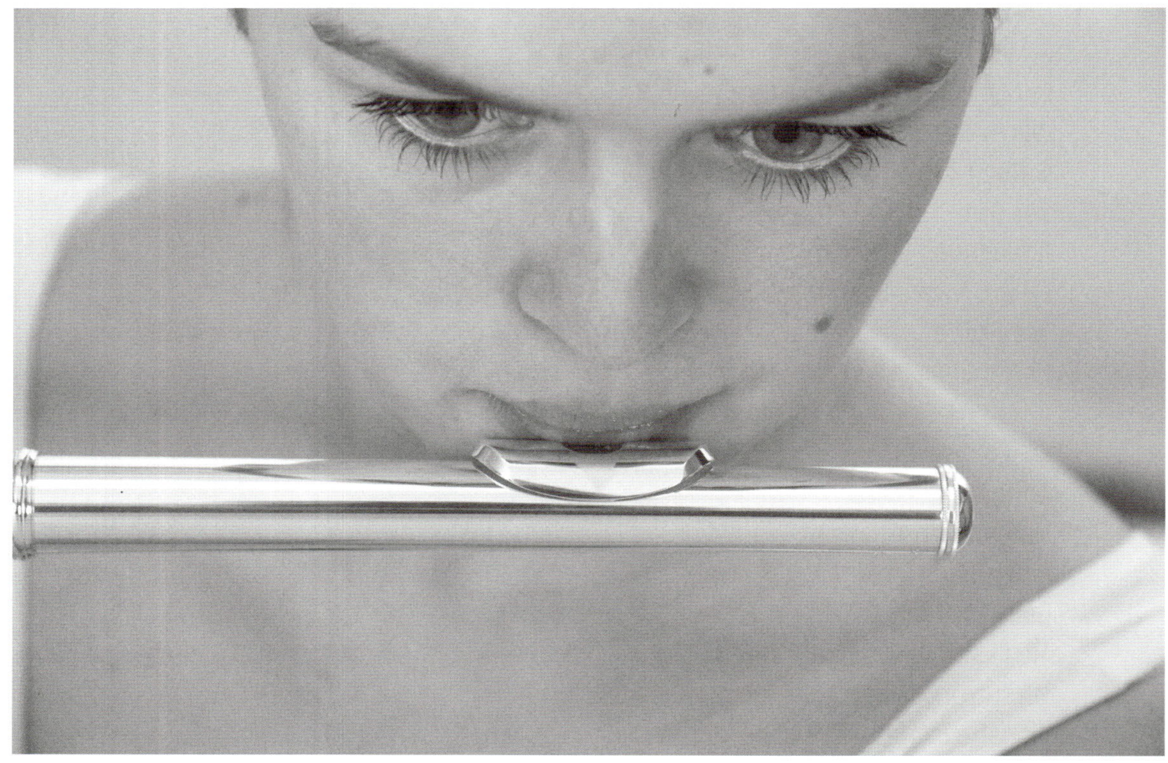

Übungen auf dem Kopfstück – mit Zungenstoß

Jeder Ton beginnt mit einem „Zungenstoß“. Die Zungenspitze liegt zunächst am harten Gaumen an, ohne die oberen Schneidezähne von innen zu berühren. Sie löst sich, um den Luftstrom frei fließen zu lassen – wie bei den Silben „döö“ oder „düü“ (nicht „dööd“ oder „düüd“).

Du kannst bei allen Übungen das Kopfstück auch mit der rechten Handfläche abdecken. Wenn du schwächer bläst, erklingt ein tieferer Ton, bei stärkerem Luftdruck ein höherer.

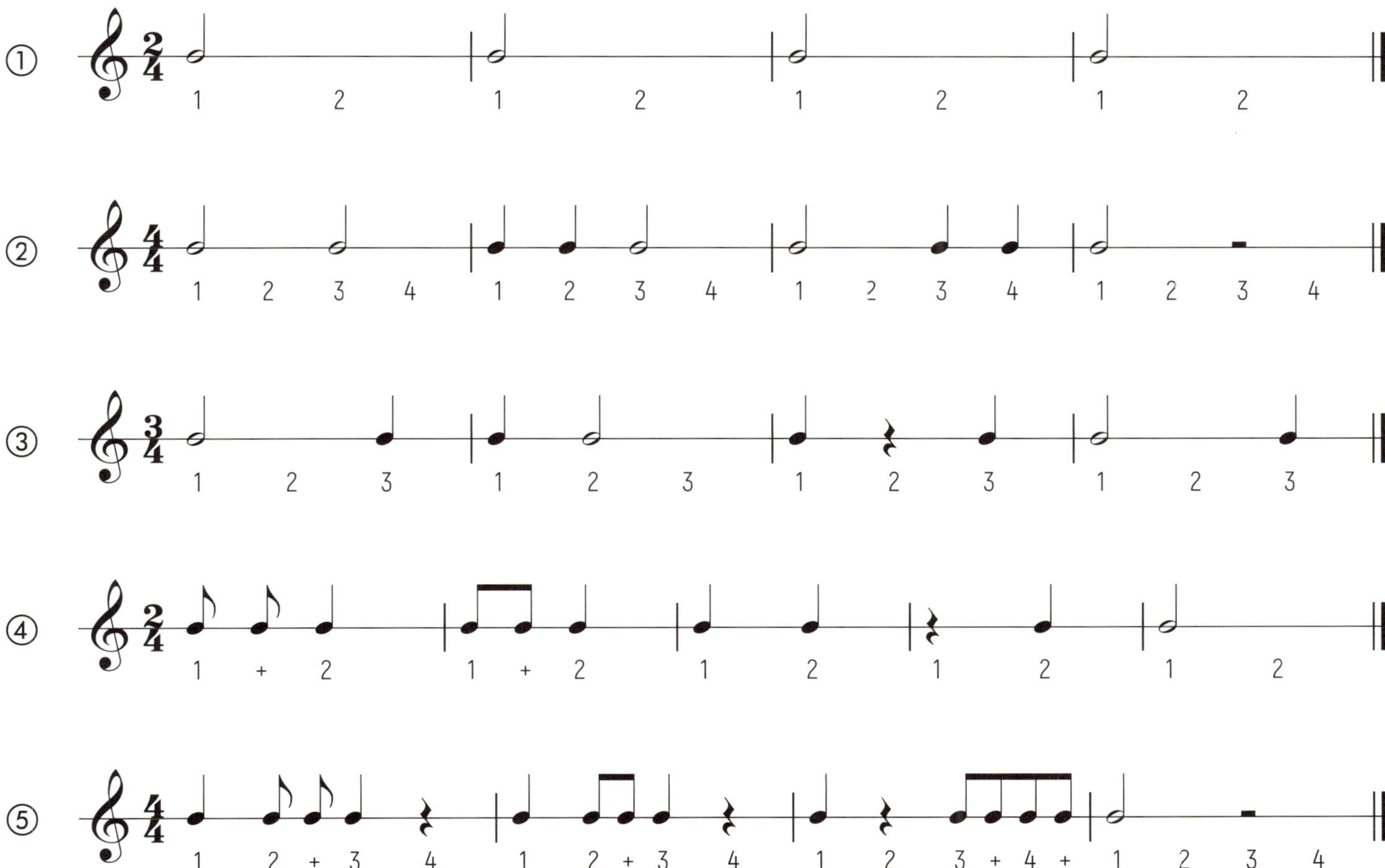

Suche nach weiteren Klangmöglichkeiten mit Hilfe des Kopfstücks. Wenn du z. B. den rechten Zeigefinger im Kopfstück hin- und herbewegst, entsteht ein sirenenartiger Klang.

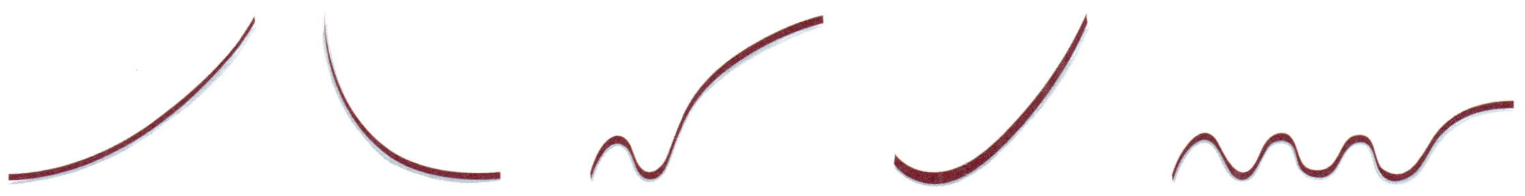

Die linke Hand

Die Fingerkuppen spüren die Mitte der jeweiligen Klappe.

Der linke Zeigefinger liegt ohne Druck an der Flöte an.

Der Daumen ist entspannt.

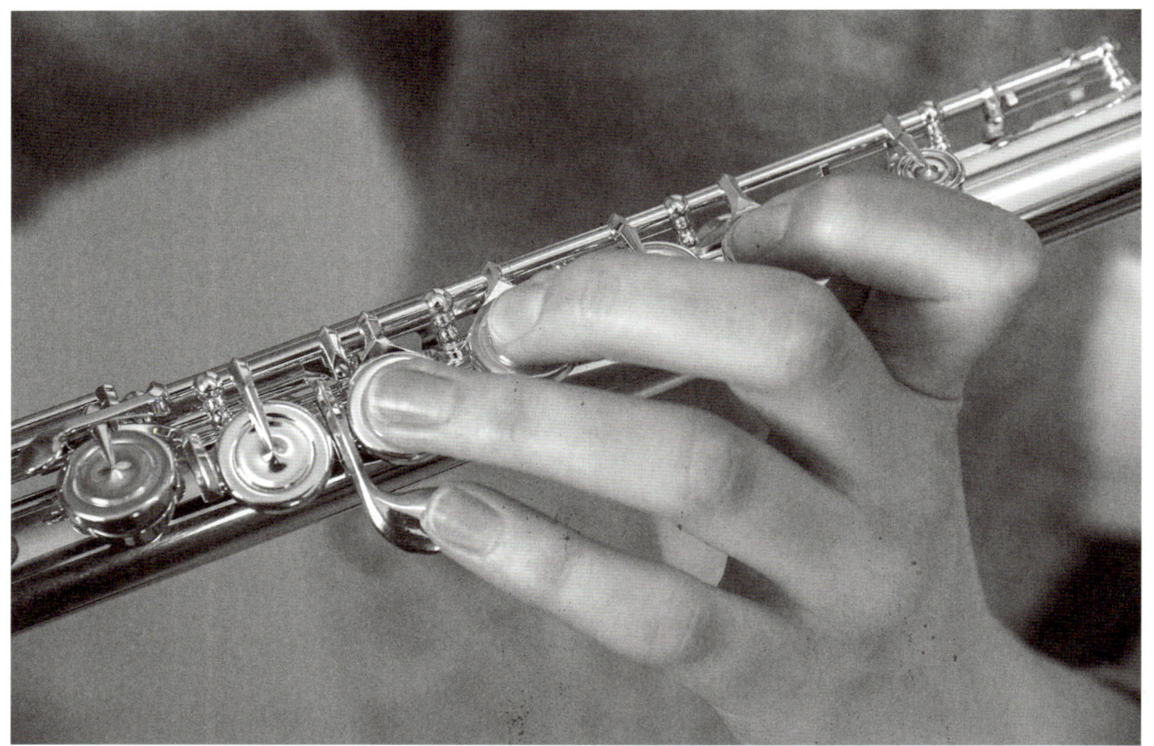

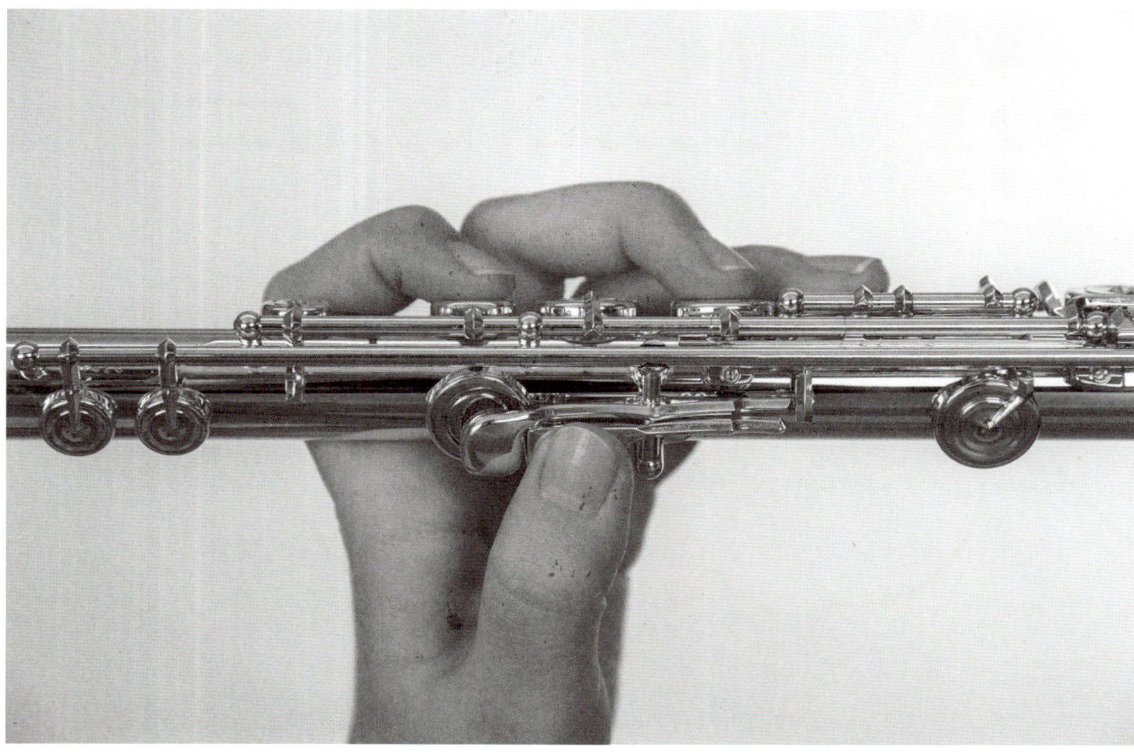

Die rechte Hand

Die leicht gebogenen Finger berühren nicht die Achsen.

Der Daumen liegt unter dem Zeigefinger und trägt das Gewicht der Flöte.

Der kleine Finger wird rund aufgesetzt.

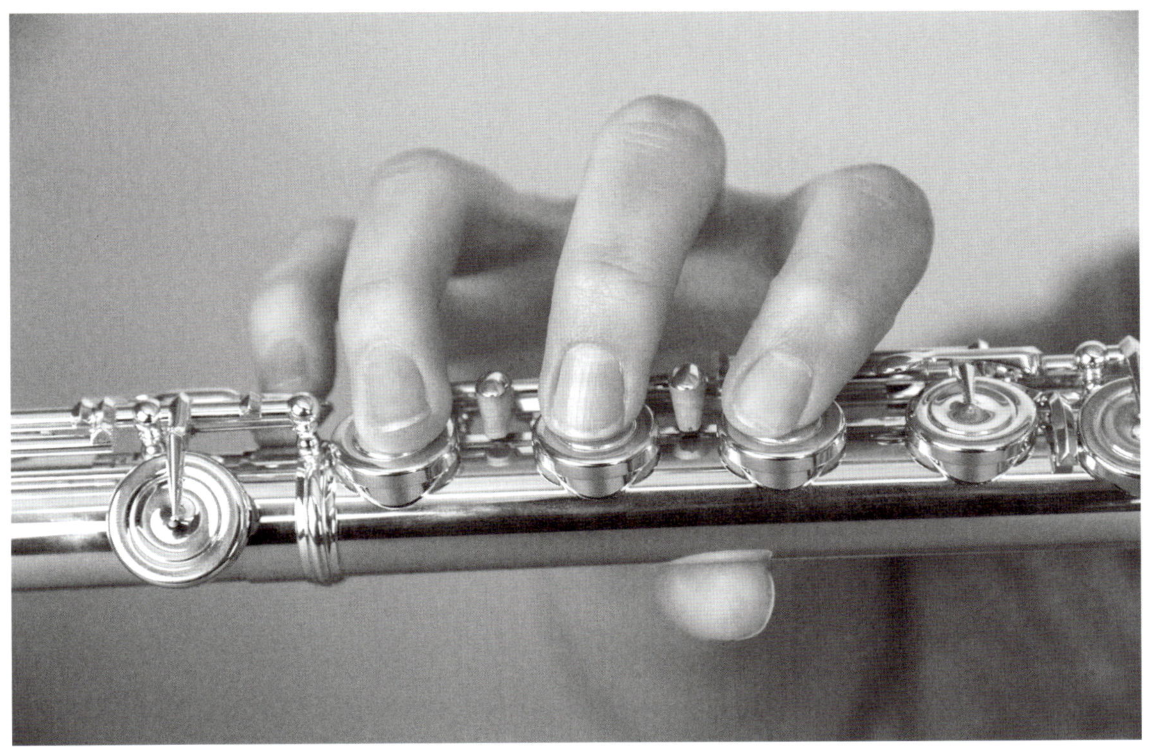

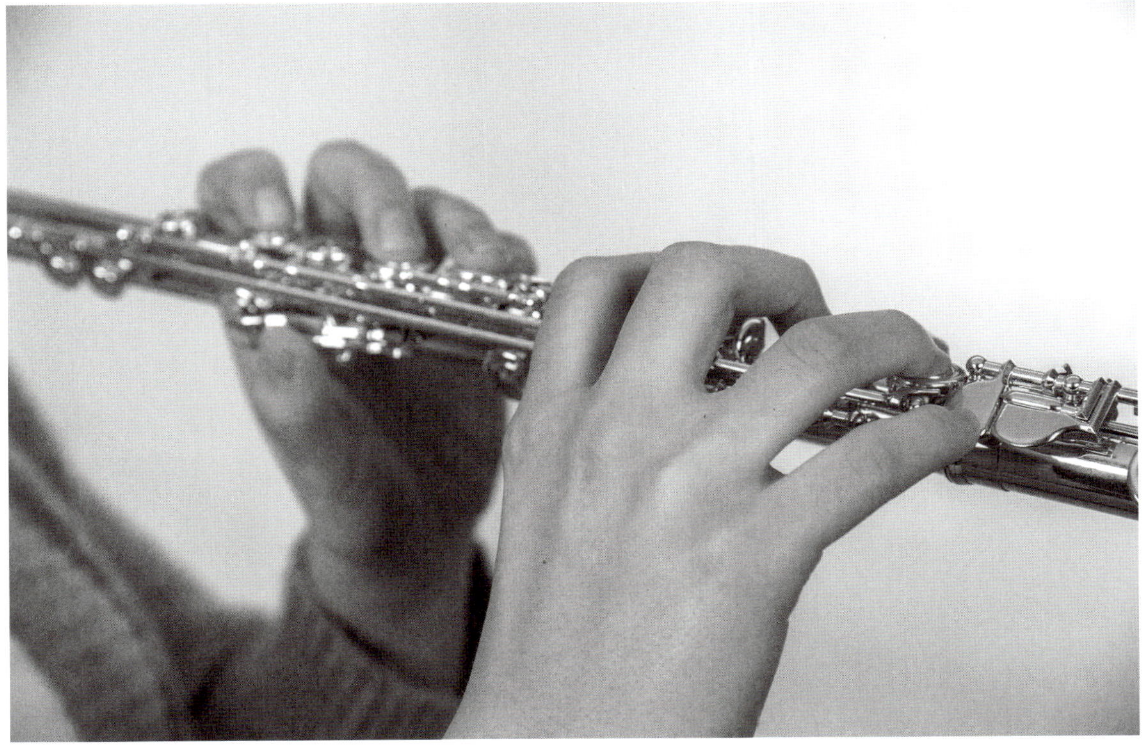

Die beiden Hände

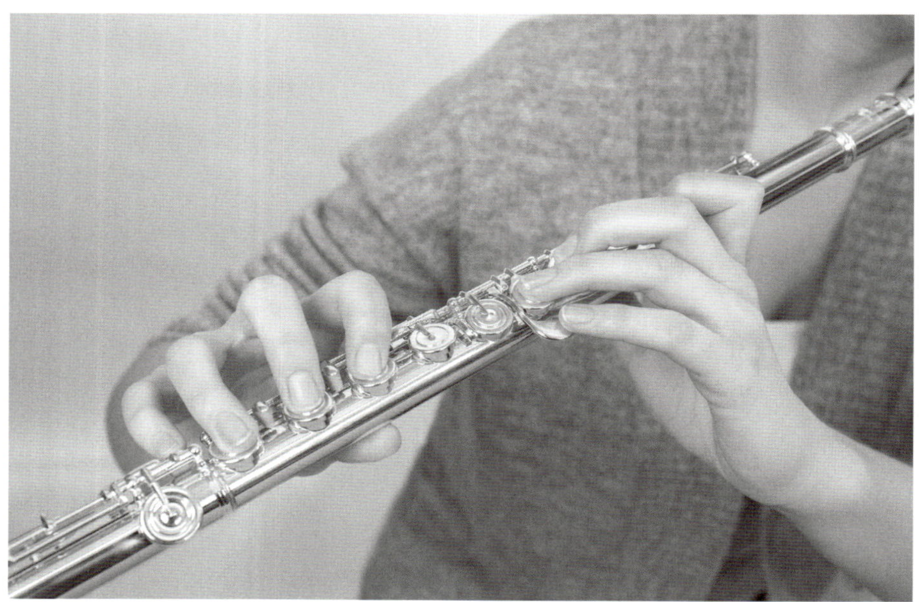

Die Körperhaltung

Der aufgerichtete Oberkörper ruht sicher auf beiden Beinen.

Der Blick geht leicht zur linken Schulter.

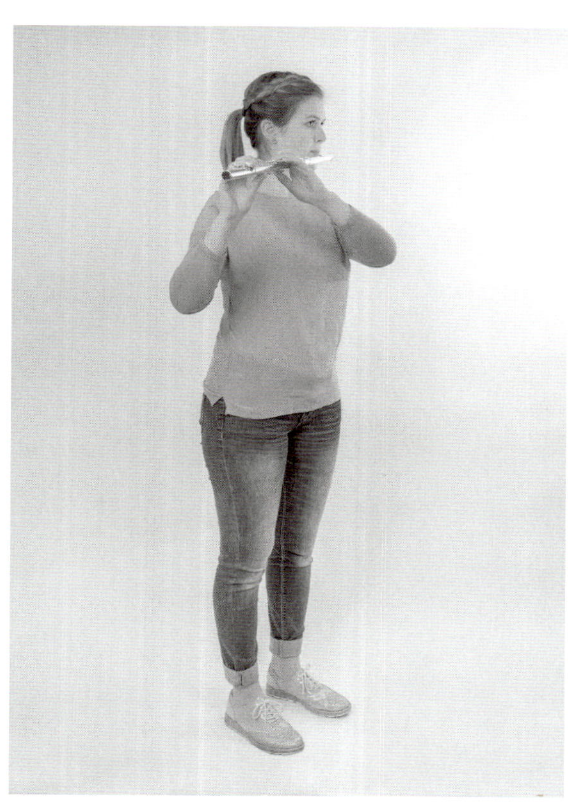

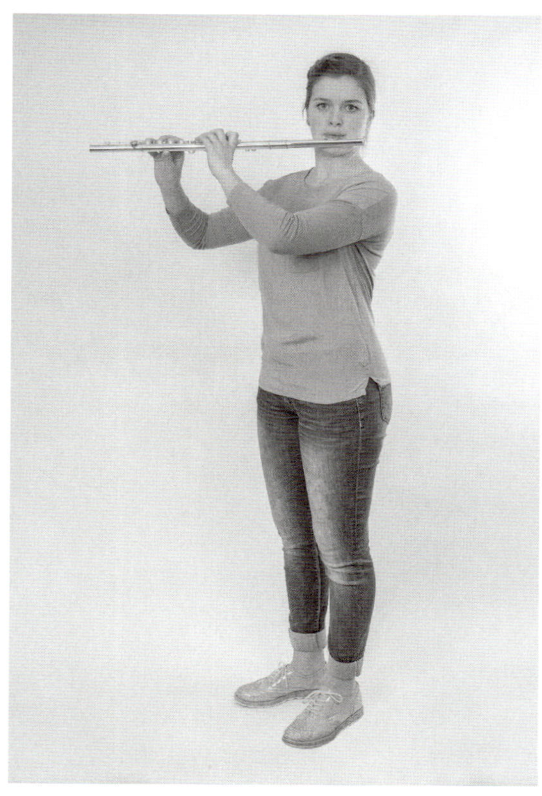

Die ersten Griffe h, a und g

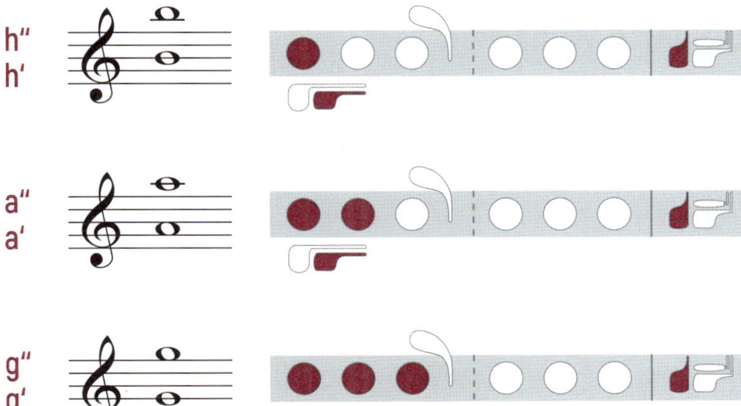

1 Er(n)ster Anfang

G. H.

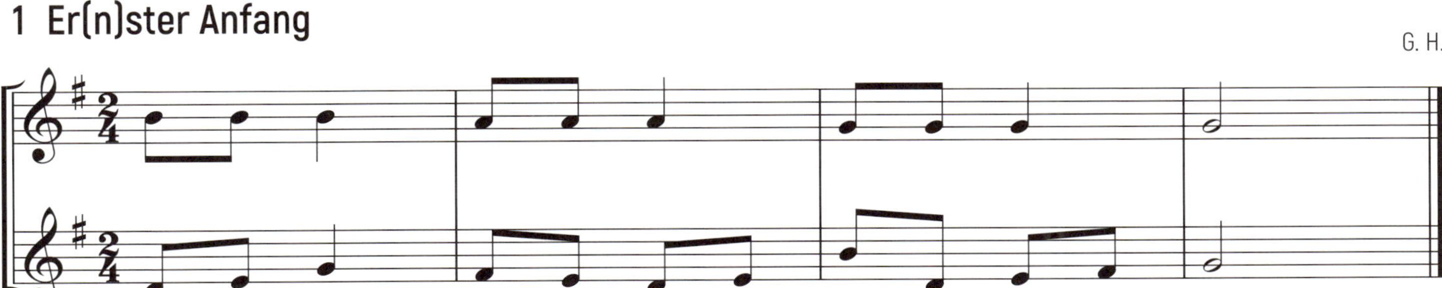

2 Winziger Walzer

G. H.

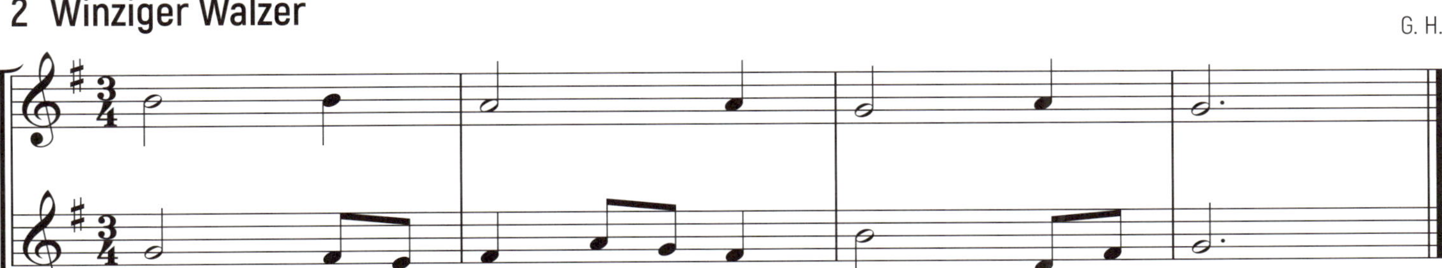

3 Andante con moto

G. H.

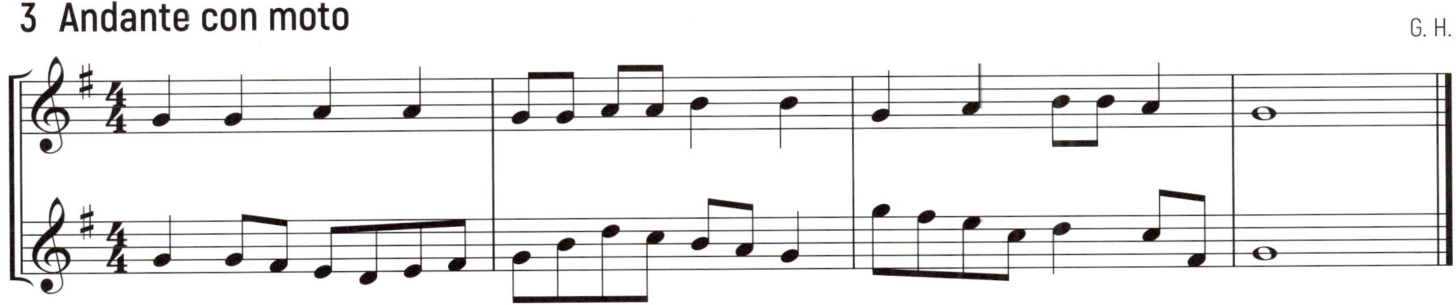

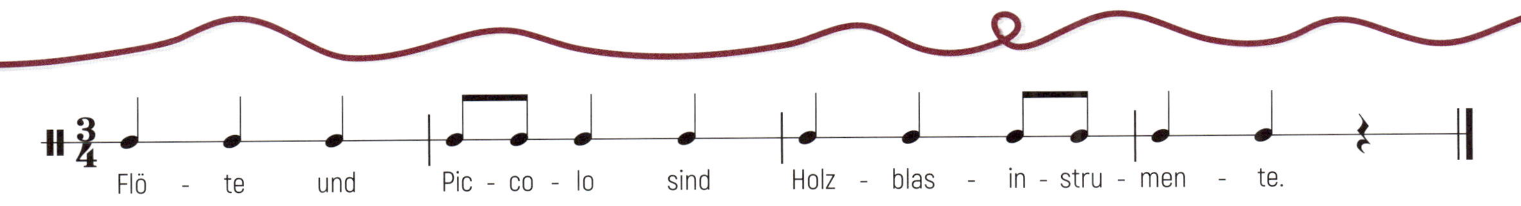

4 Sanfte Wellen

G. H.

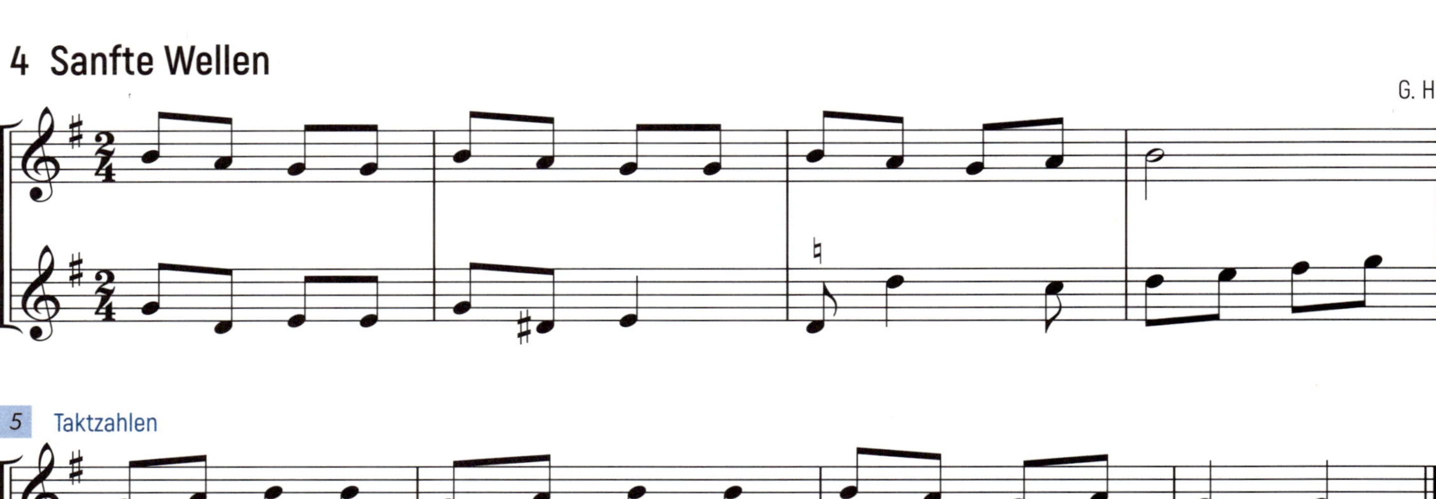

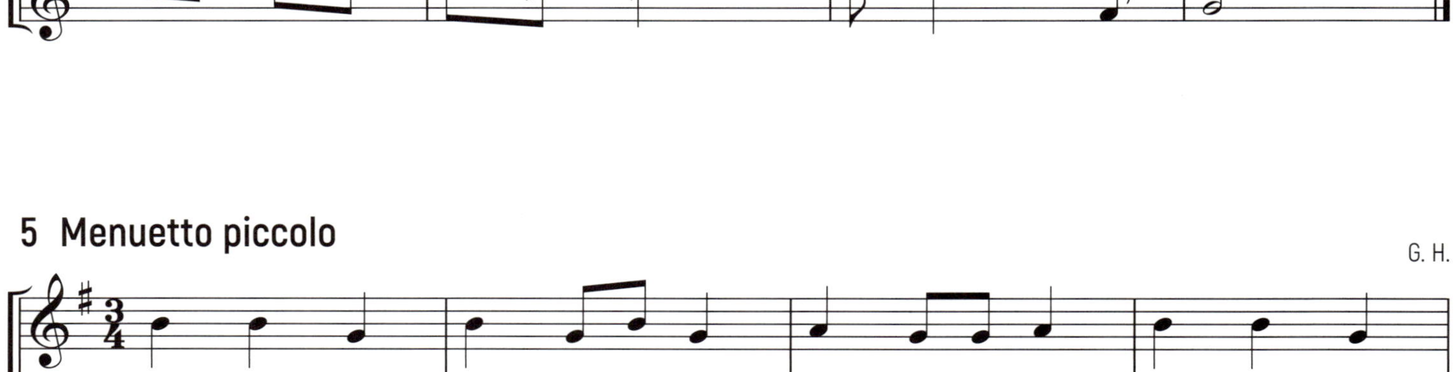

5 Menuetto piccolo

G. H.

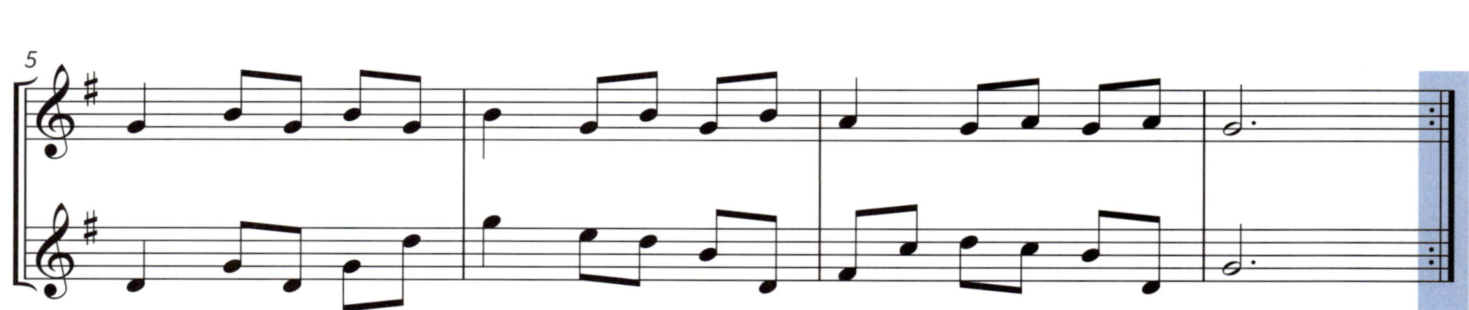

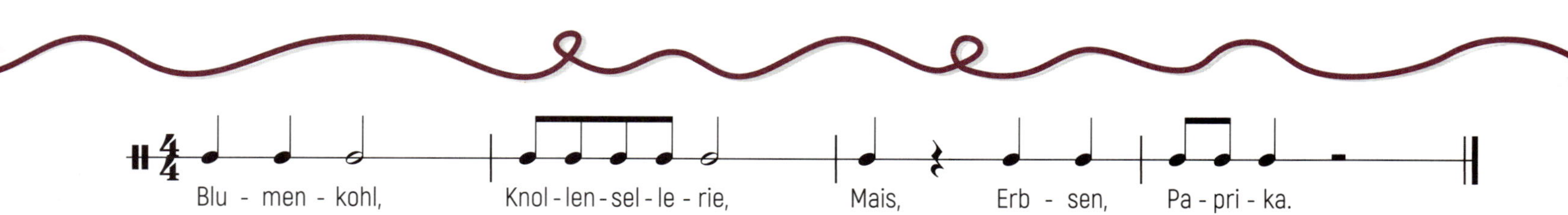

Die Griffe f und e

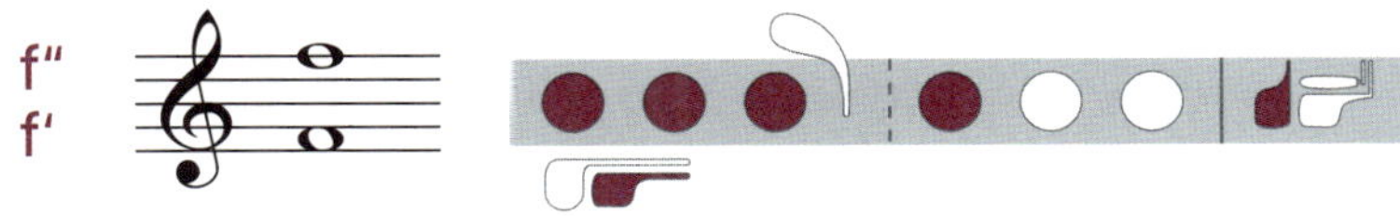

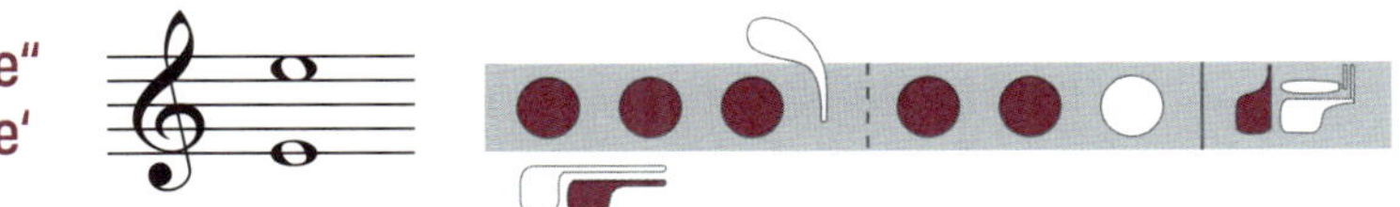

6 Miniaturen

G. H.

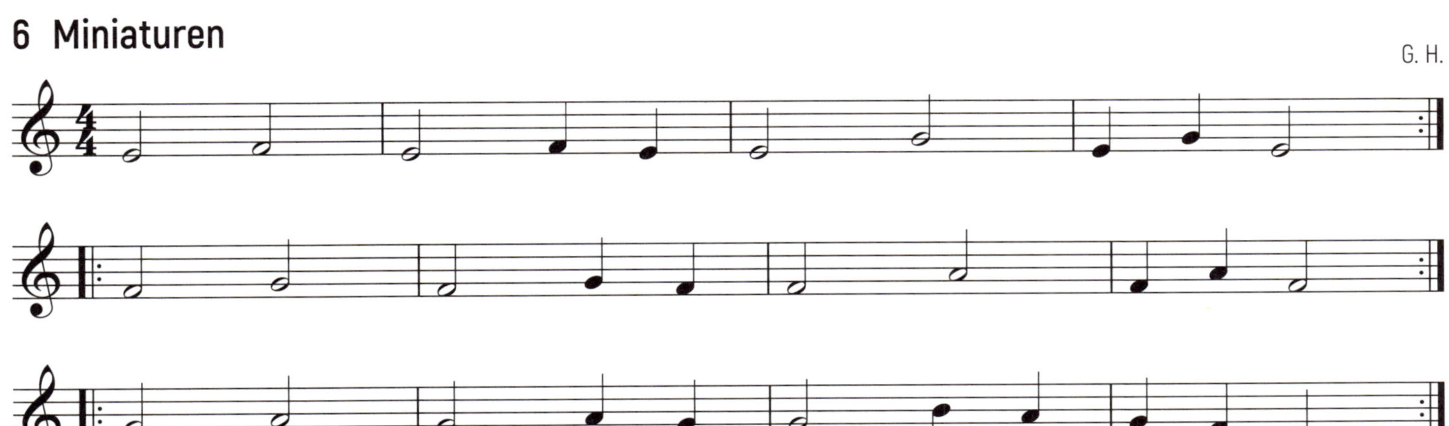

7 Moderato

G. H.

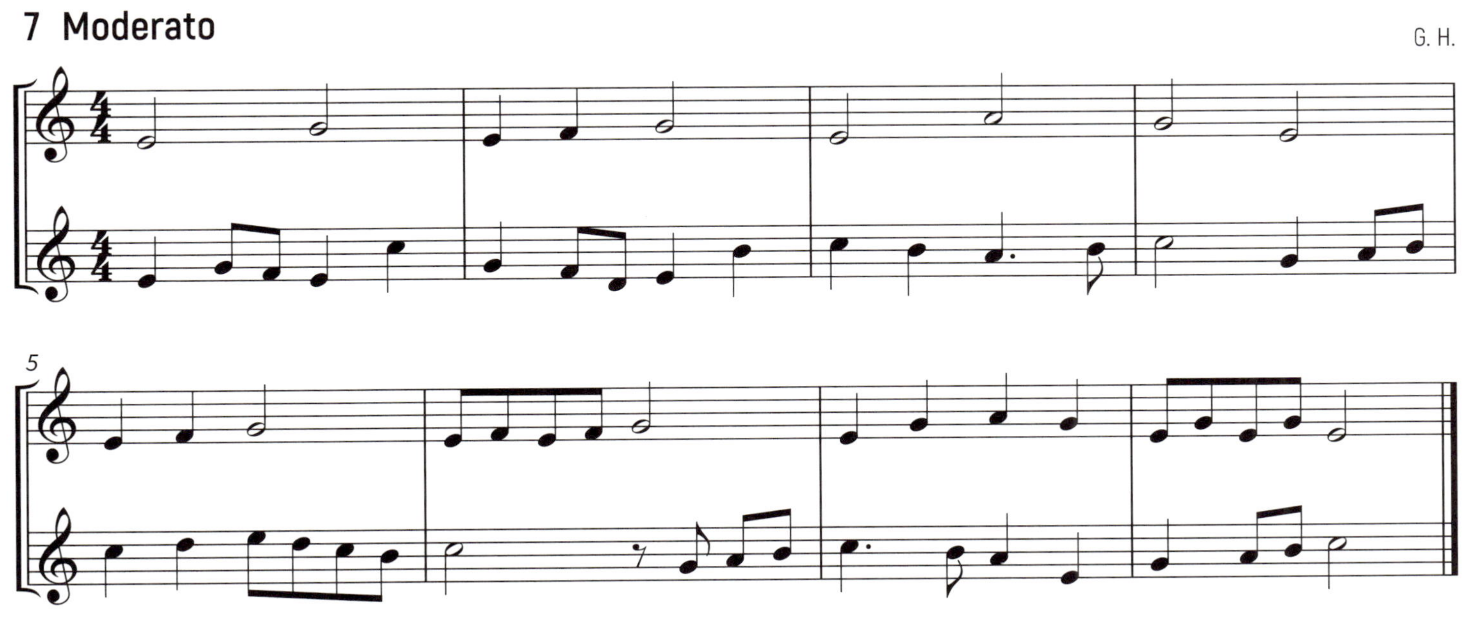

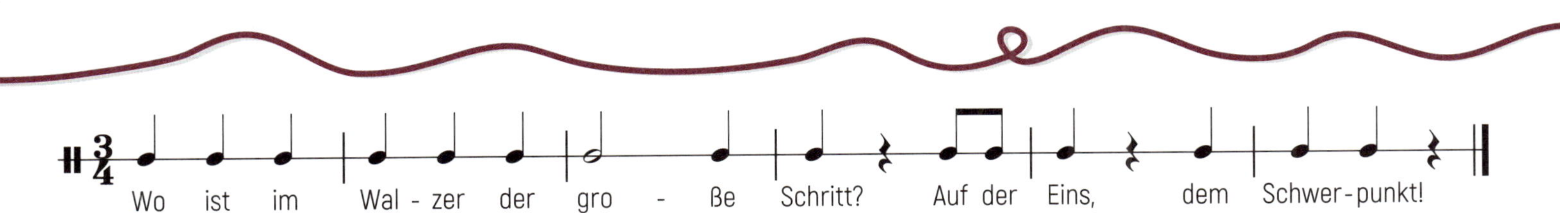

Das Überblasen

Dies hilft dir, die Töne der **zweiten Oktave** zu erreichen:

- Ein dezentes **Lächeln** verkleinert die Düse, wodurch sich die **Luftgeschwindigkeit erhöht.**
- Die Unterlippe bewegt sich ganz leicht nach vorne und lenkt so den **Luftstrom** etwas **nach oben**.
- Eine aufrechte, stolze Haltung mit angenehmer **Körperspannung** und ein leicht **nach oben** gerichteter **Kopf** verbessern die Ansprache, den Klang und die Intonation in der zweiten Oktave.

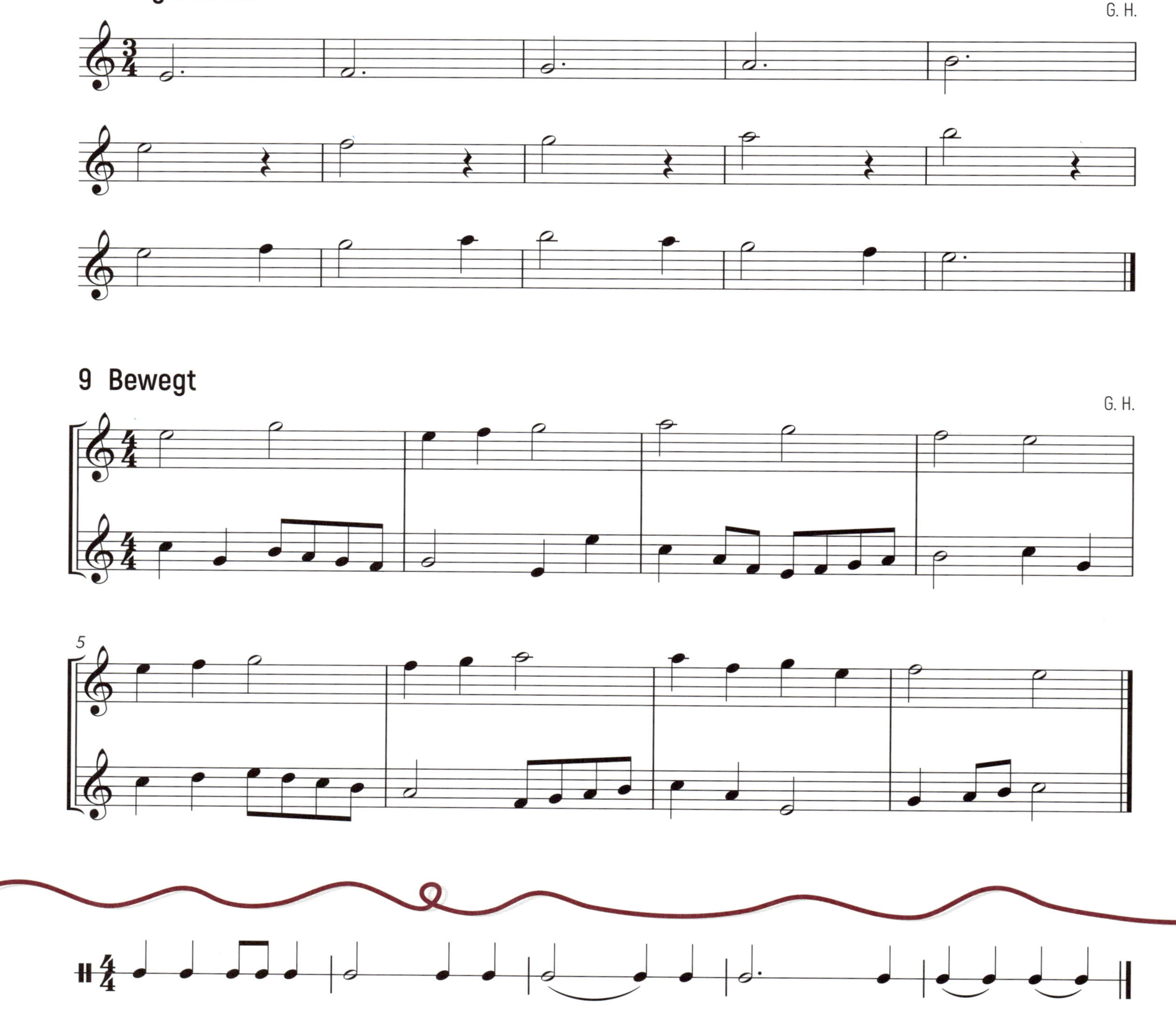

10 Au clair de la lune (F-Dur)

aus Frankreich
Bearb.: G. H.

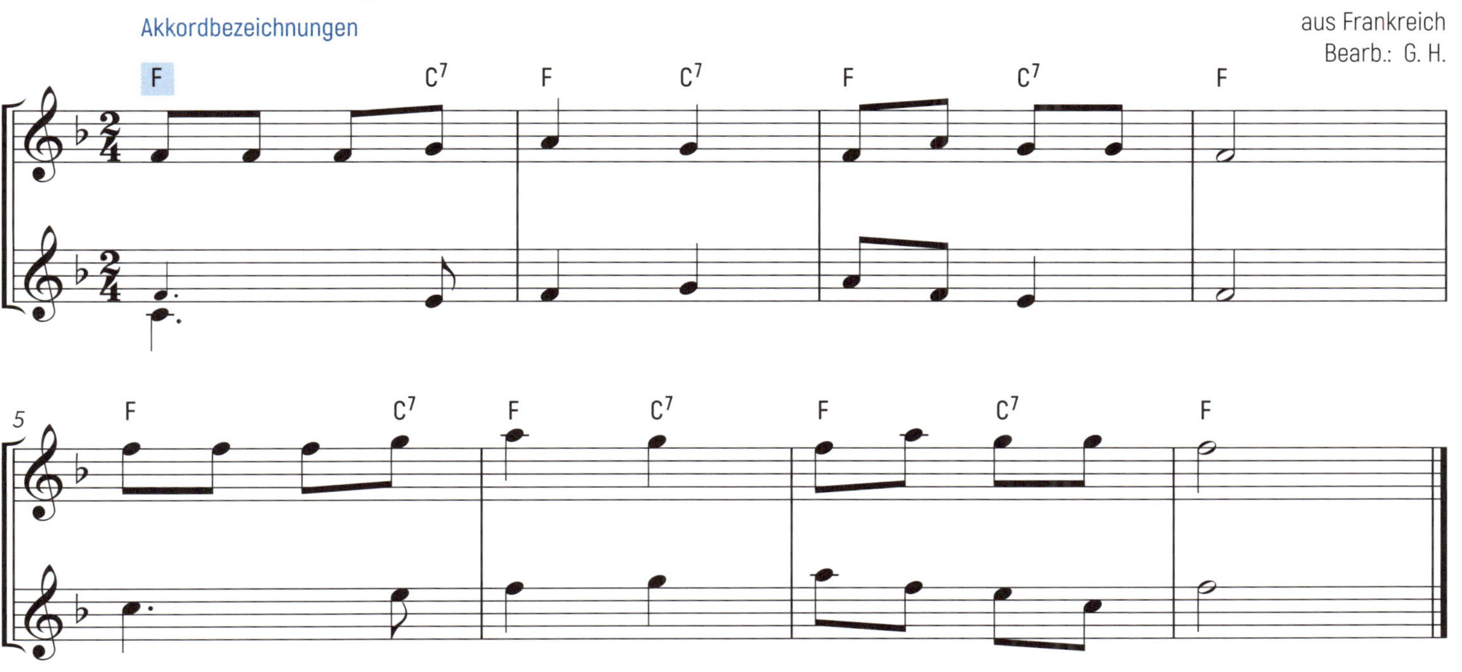

11 Au clair de la lune (G-Dur)

aus Frankreich
Bearb.: G. H.

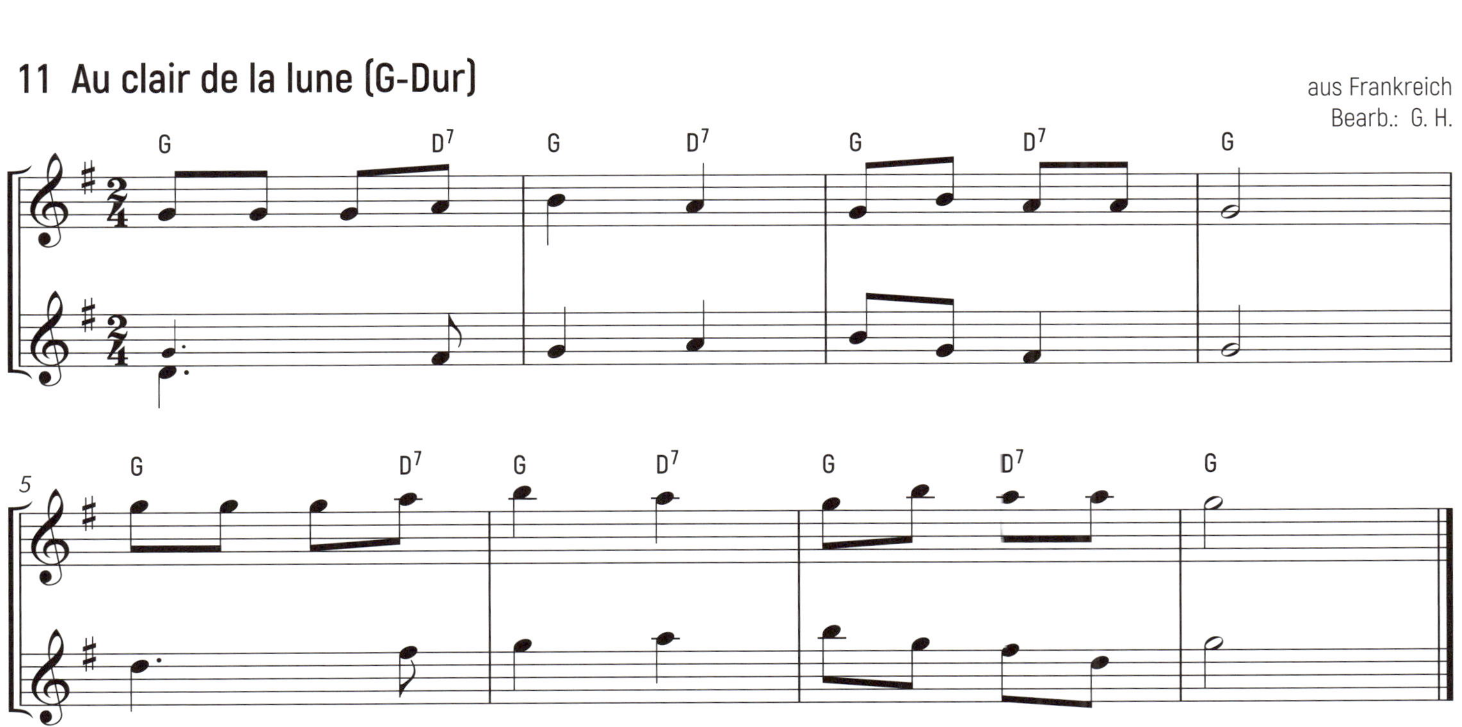

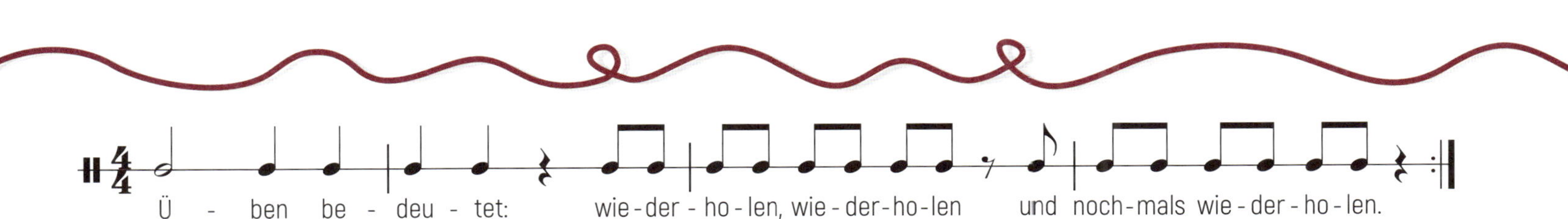

Der Griff b

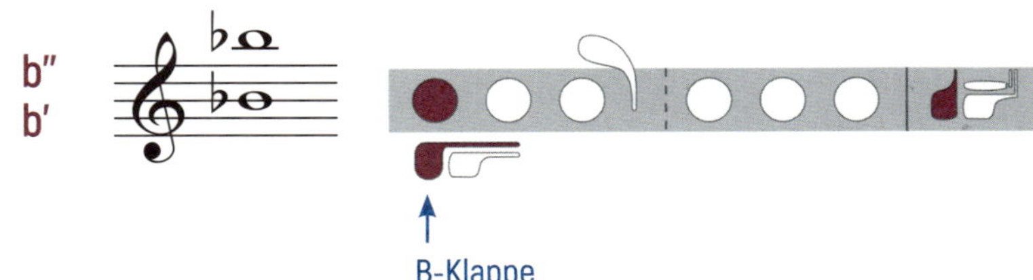

12 Tanz – in der 1. Oktave

Tielman Susato
ca. 1500–1561/64

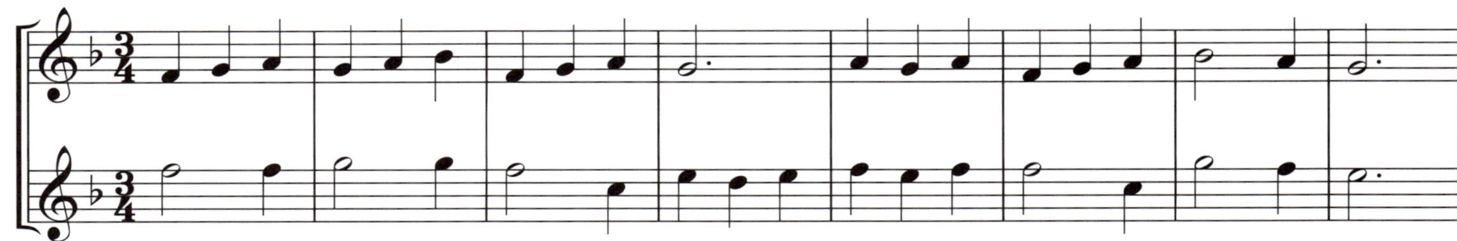

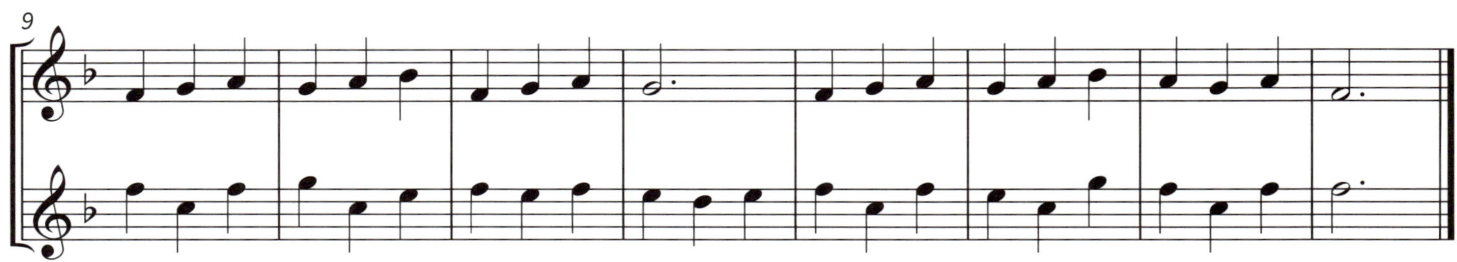

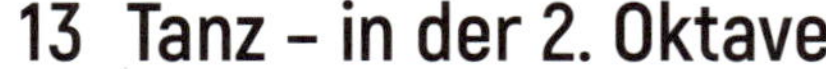

13 Tanz – in der 2. Oktave

Tielman Susato
ca. 1500–1561/64

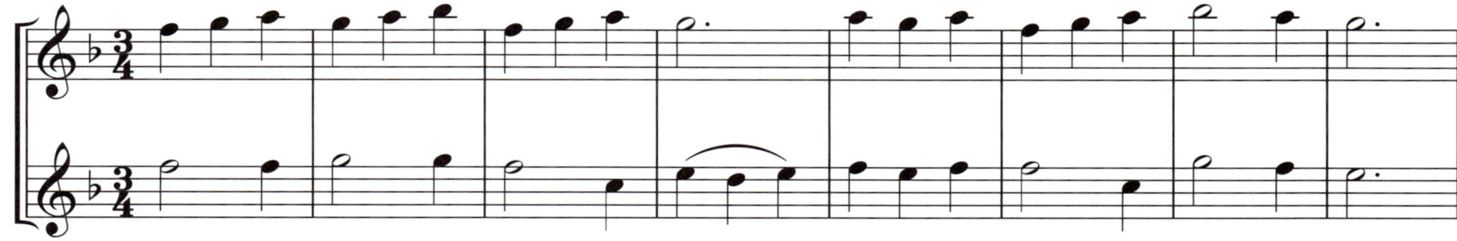

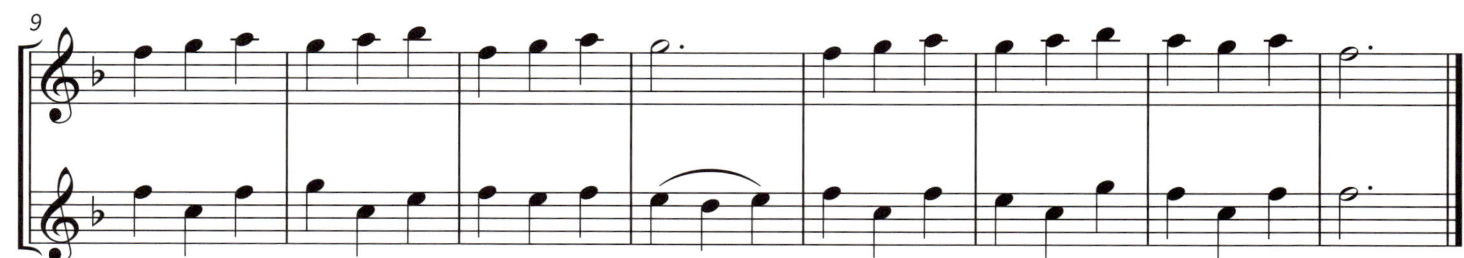

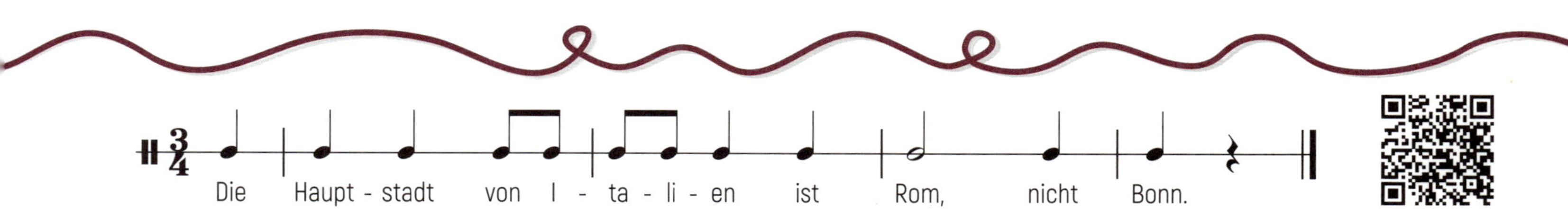

14 Branle

Claude Gervaise
1510?–1558?
Bearb.: G.H.

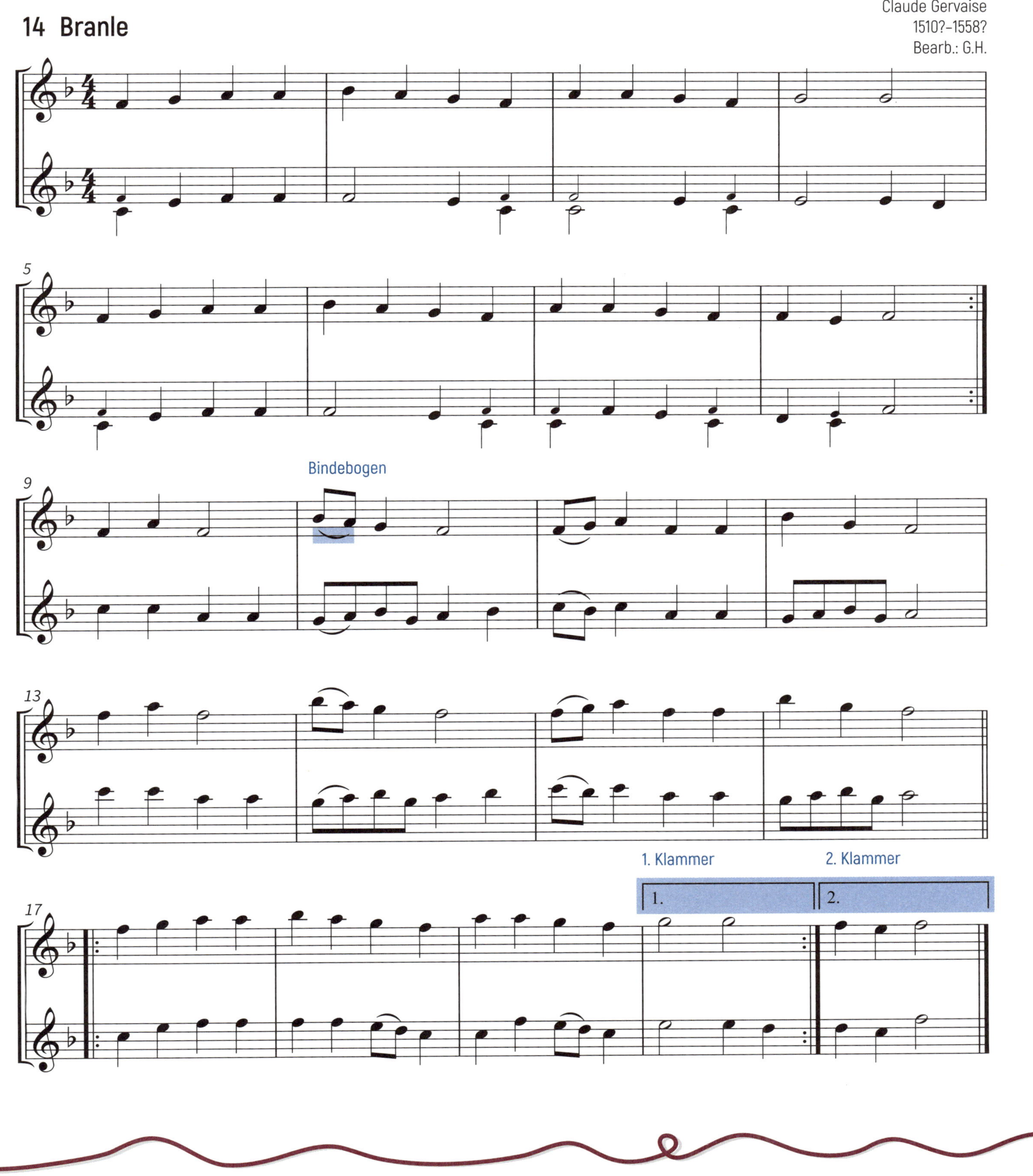

Unter **Artikulation** versteht man die Art und Weise, **wie** ein Ton **begonnen** und **wann** er **beendet** wird.

legato = gebunden
Nur der erste Ton des Bindebogens wird angestoßen.

düüü dü düüü dü

Der Griff fis

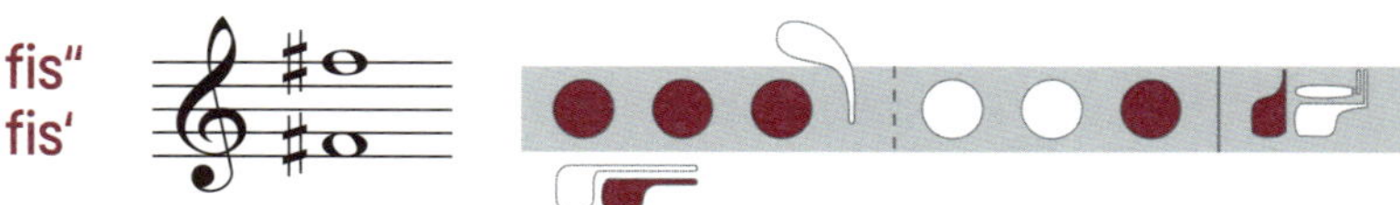

15 Zitronensaure Fingerübung

G. H.

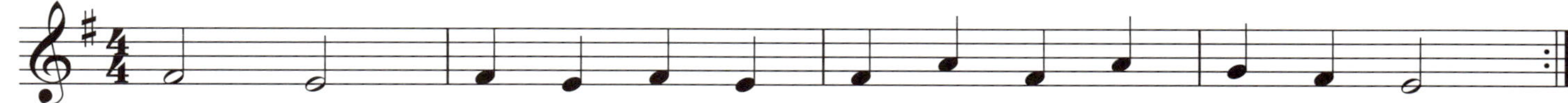

16 Mein kleiner Zitronenbaum

aus Brasilien
Bearb.: G.H.

Auftakt

17 Mein großer Zitronenbaum

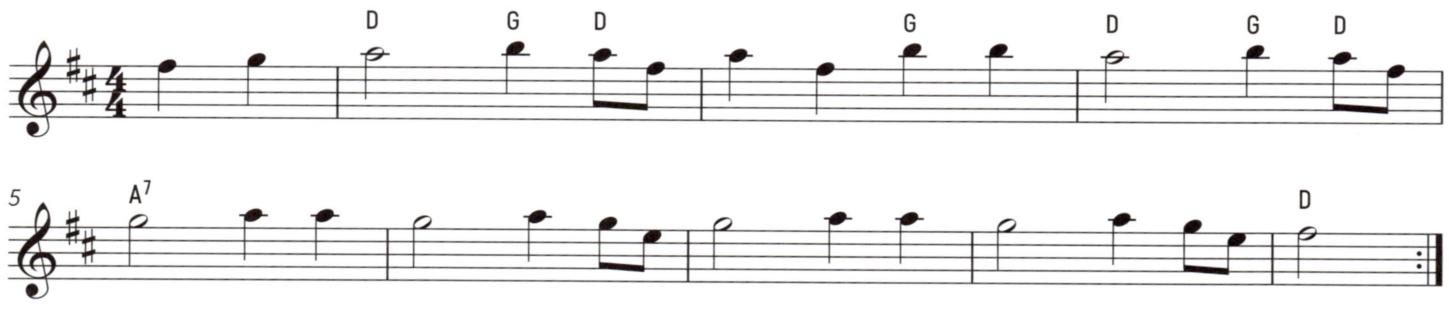

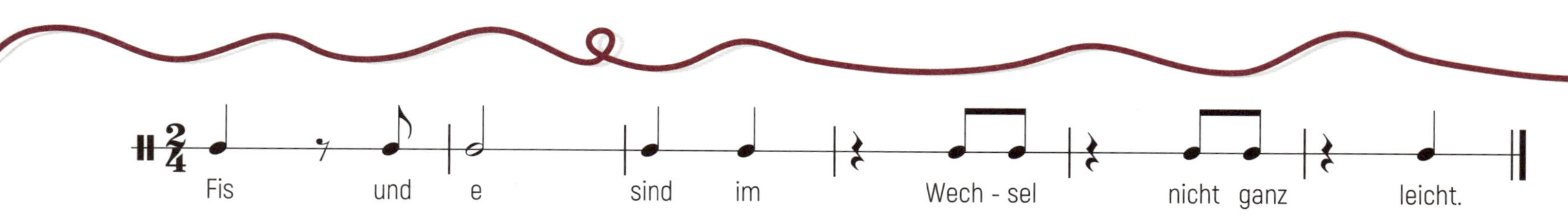

18 Body Percussion

G. B.

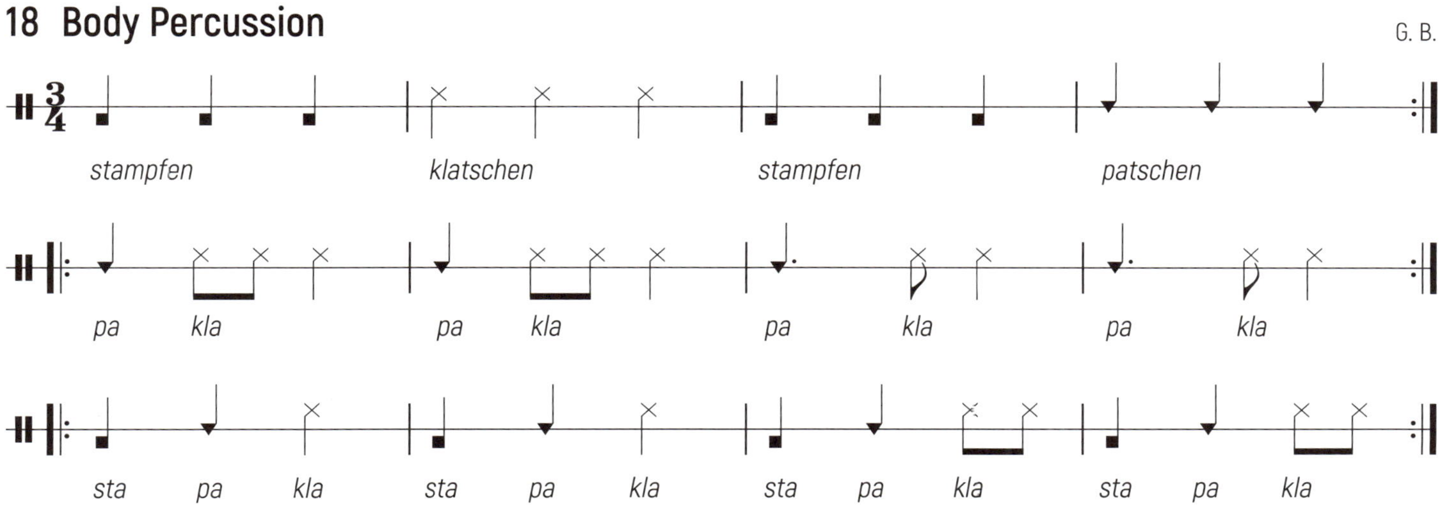

19 Improvisation – Am Meer

G. B.

Die Bausteine können beliebig oft wiederholt und kombiniert werden. Schön klingt es, wenn mehrere miteinander spielen.

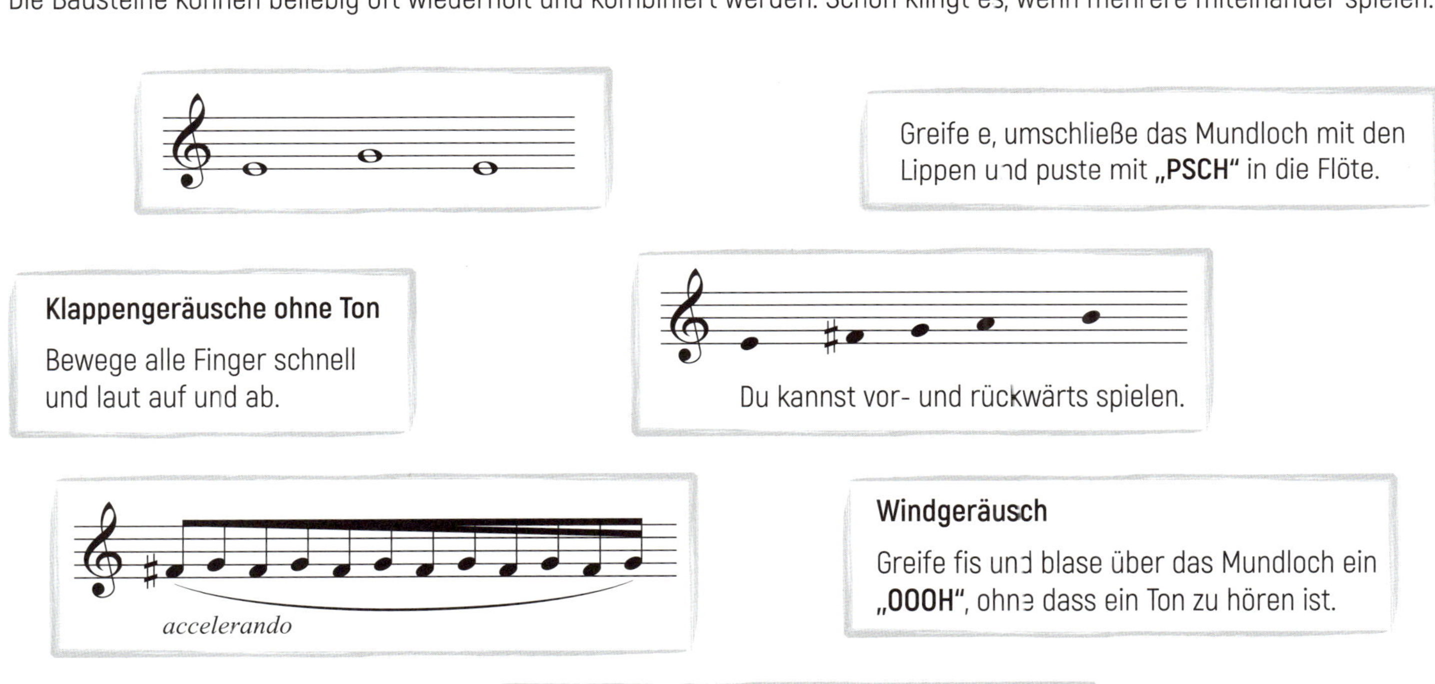

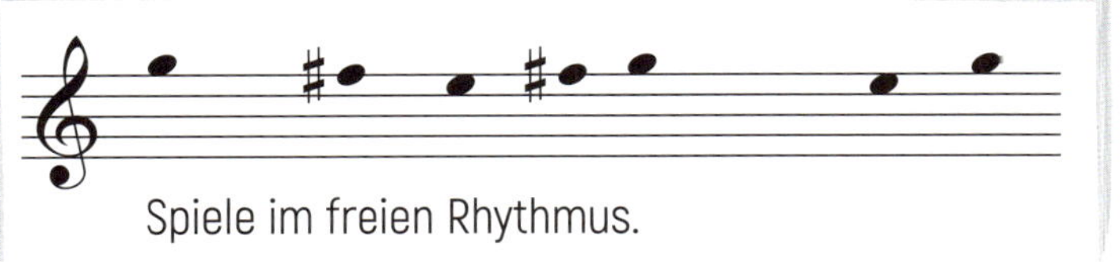

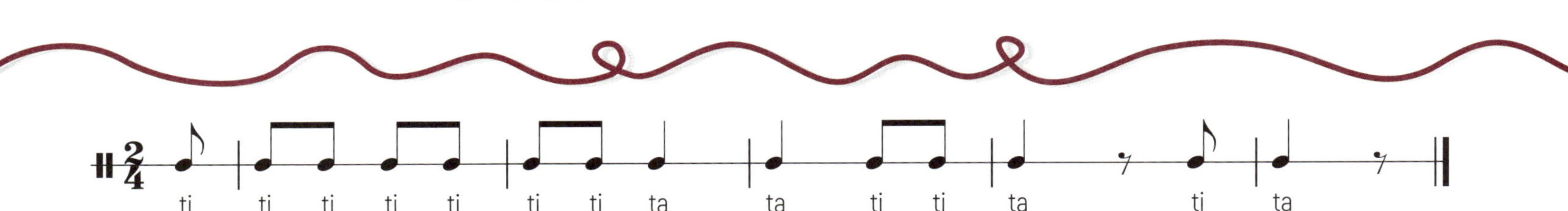

Der Griff c''

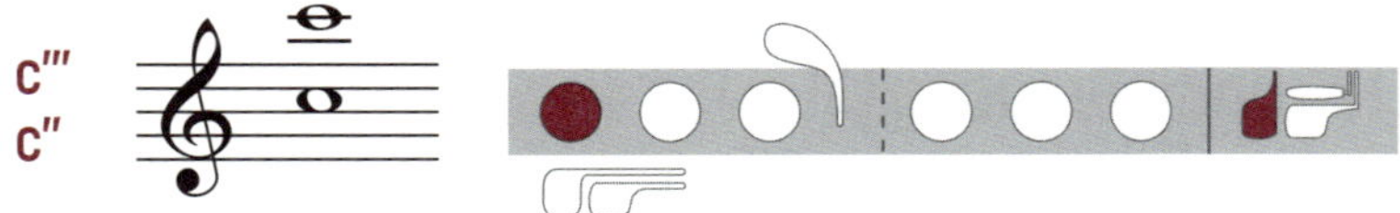

20 Übung in F-Dur

G. H.

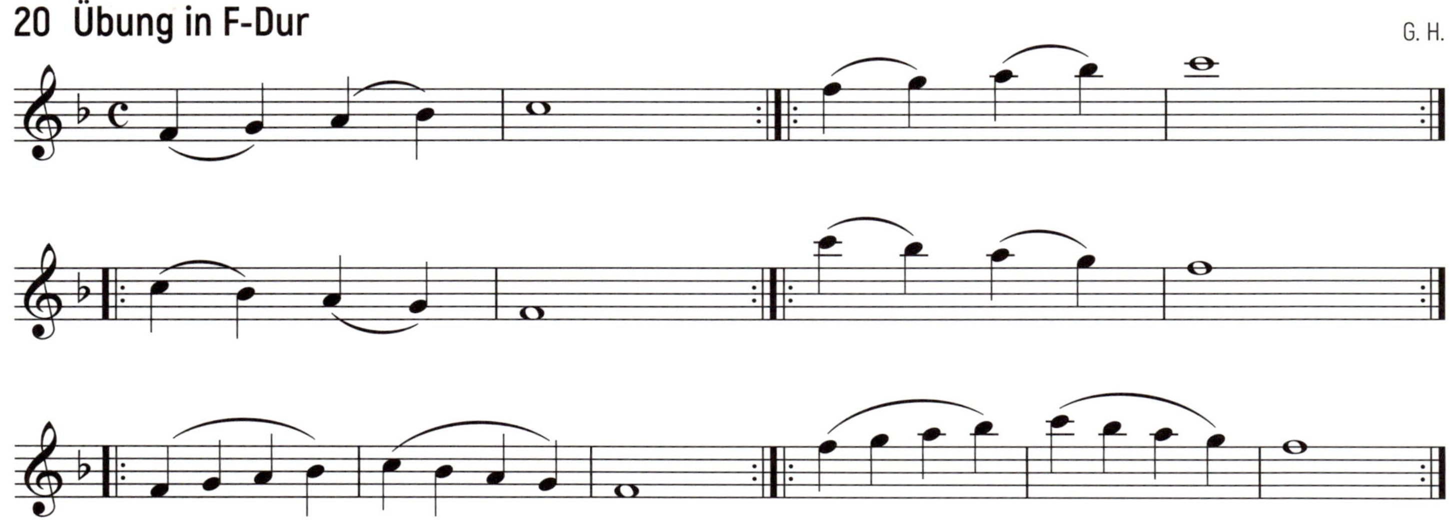

Die Atmung

Beim Querflötespielen wird eine ungewöhnlich große Luftmenge benötigt. Dieses Volumen kann mit Übungen sehr gut erweitert werden. Es gibt viele unterschiedliche Theorien und Techniken zum Thema Atmung. Hier ist die Fachkompetenz eines erfahrenen Pädagogen unbedingt erforderlich.

Allen Theorien gemeinsam aber ist die folgende **Basis-Übung:**

Strecke und dehne Arme und Rücken ausgiebig in alle Richtungen und atme tief ein und aus.

Lege deine Hände einmal auf den Bauch, den Brustkorb, an die seitlichen Rippen oder auf den unteren Rücken.

Wo spürst du die Atembewegungen? Im Bauch, im Brustraum, an den Flanken oder im Rücken?

Versuche mit einer tieferen Atmung diese Bereiche zu weiten.

Wichtig ist, dass die Schultern stets entspannt sind.

Wenn du bei der Übung in F-Dur und bei dem folgenden Lied „Wenn ich ein Vöglein wär" immer zwei Takte auf einen Atem schaffst, ist das für den Anfang schon sehr gut. Klappt dies bei dem Lied auch schon in der zweiten Oktave?

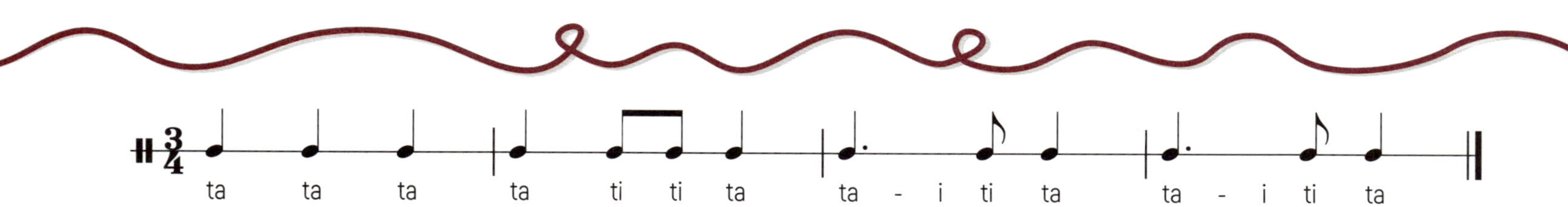

21 Wenn ich ein Vöglein wär …

mündlich überliefert

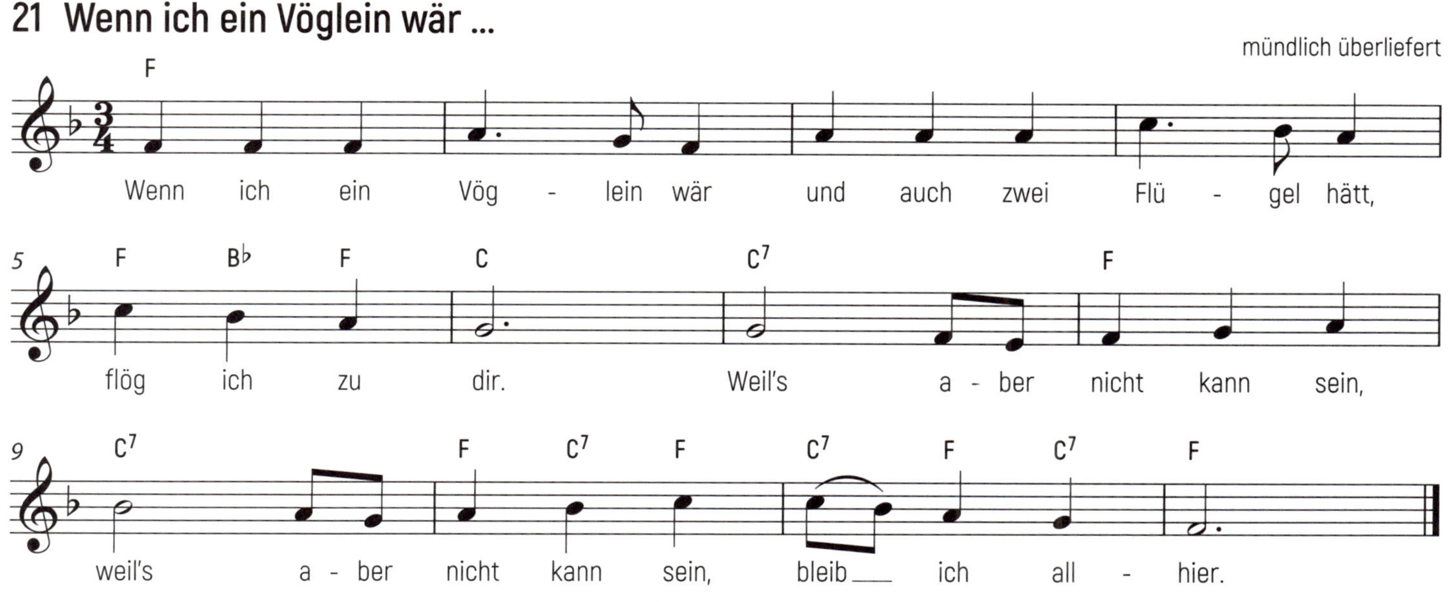

22 … flög ich zu dir

mündlich überliefert
Bearb.: G.H.

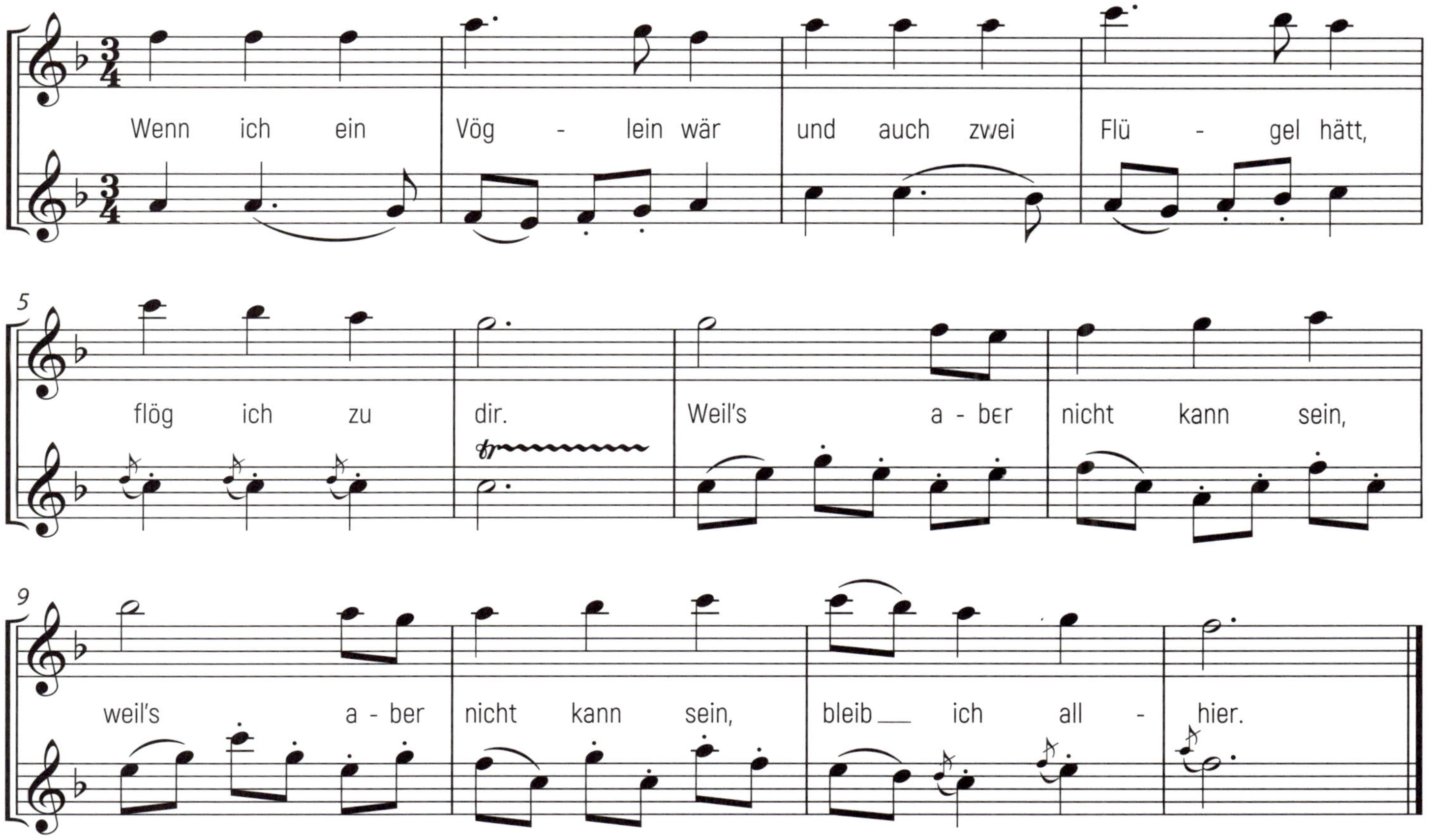

Wenn ich ein Vög - lein wär und auch zwei Flü - gel hätt,
flög ich zu dir. Weil's a - ber nicht kann sein,
weil's a - ber nicht kann sein, bleib ich all - hier.

Das Nashorn

Ich bin so groß, ich bin so schwer – ich wollt, dass ich ein Vogel wär!
So rief das Nashorn einmal aus und blieb dann wie bisher zu Haus.

Franz Hohler *1943

23 Andante cantabile

aus „Melodische Übungsstücke" op. 149 Nr. 2

Anton Diabelli
1781–1848
Bearb.: G. H.

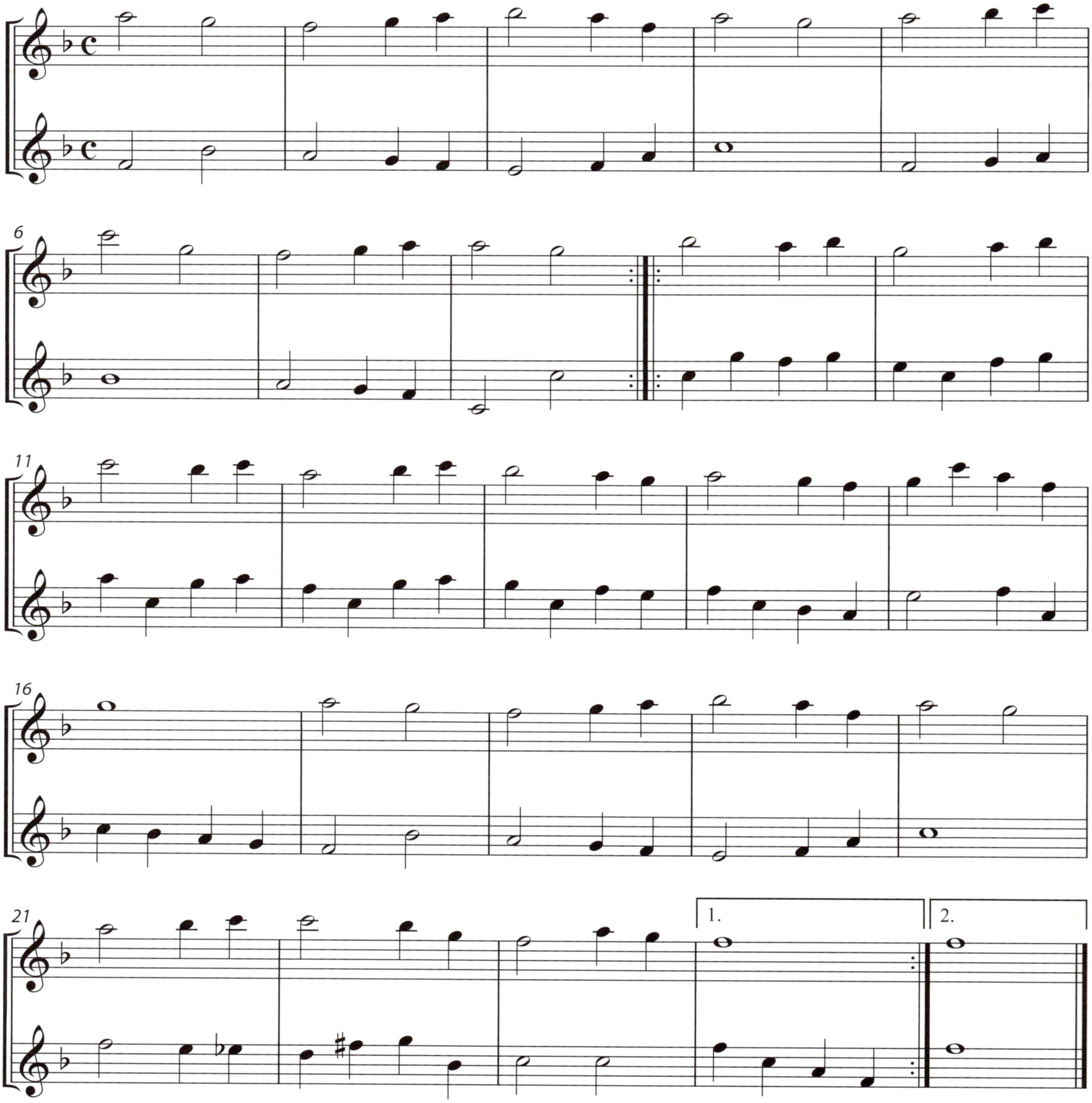

Wo würdest du Bindungen einfügen?

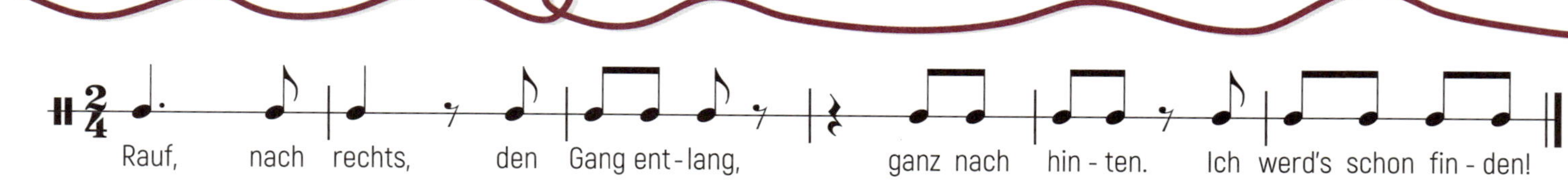

24 Allegro con spirito

mündlich überliefert
Bearb.: G. H.

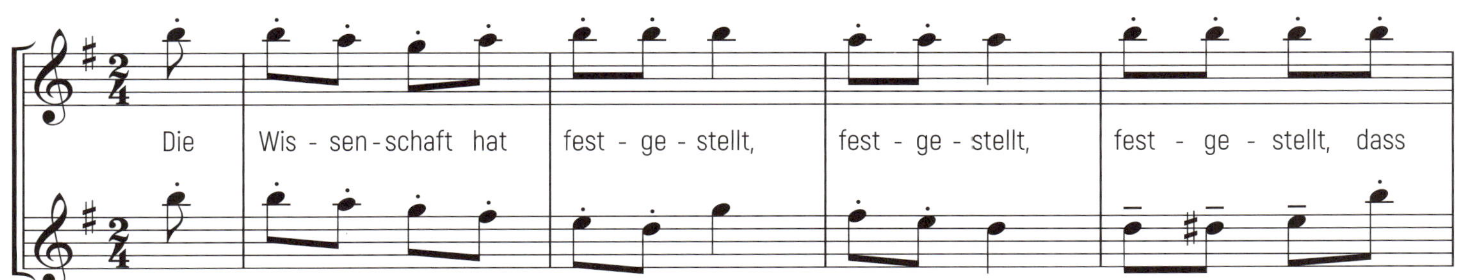

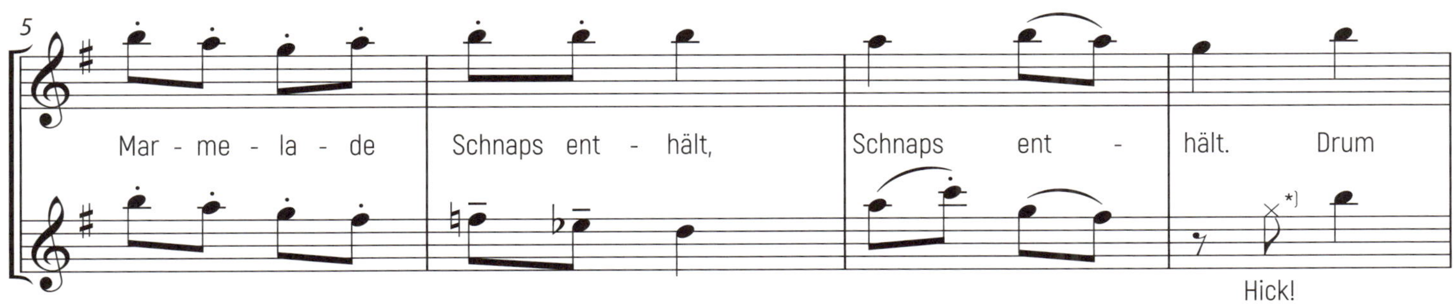

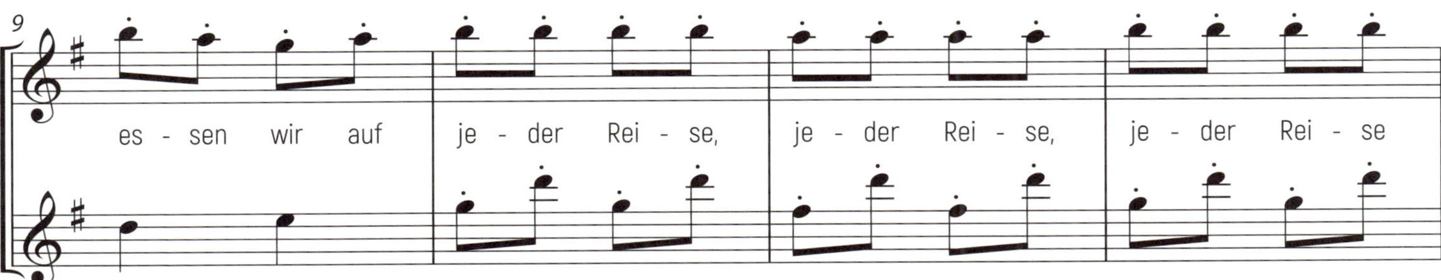

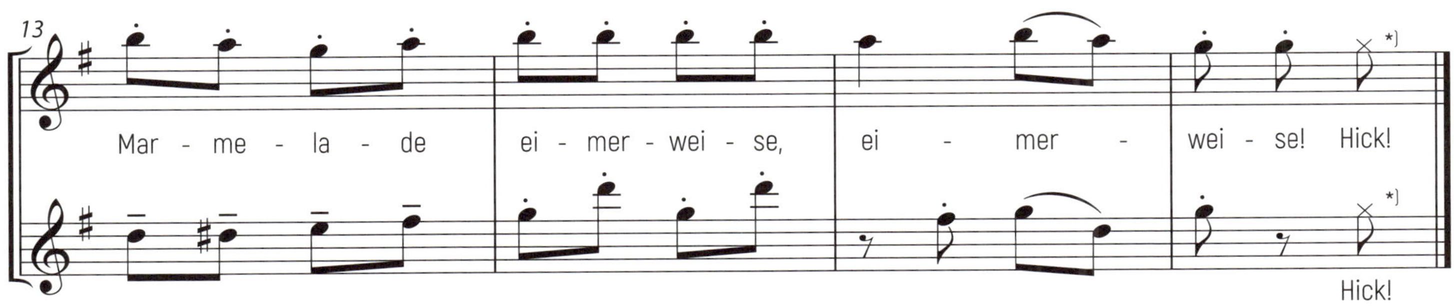

*) linke Hand: 3. + 4. Finger schlagen auf die Klappen.

Eine weitere **Artikulationsart** ist das **Staccato** („stacc.").
Die Töne werden scharf angestoßen und sehr kurz gespielt. tü tü tü tü
Dem gegenüber steht das **Legato**, bei dem nur der erste Ton angestoßen wird (vgl. S. 17). düüü dü

Die Griffe d' und d"

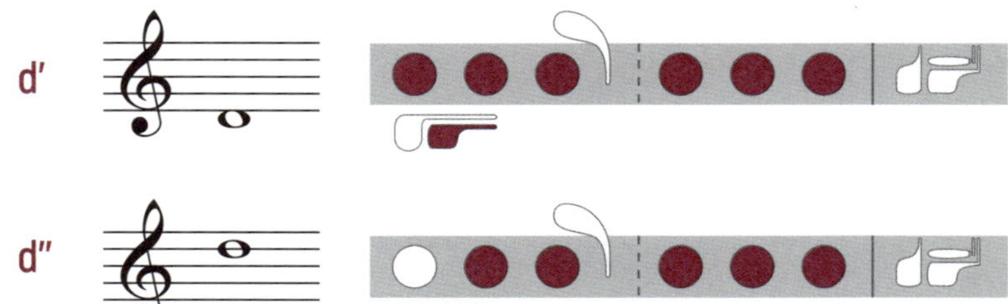

25 Jimba

mündlich überliefert
Bearb.: G. H.

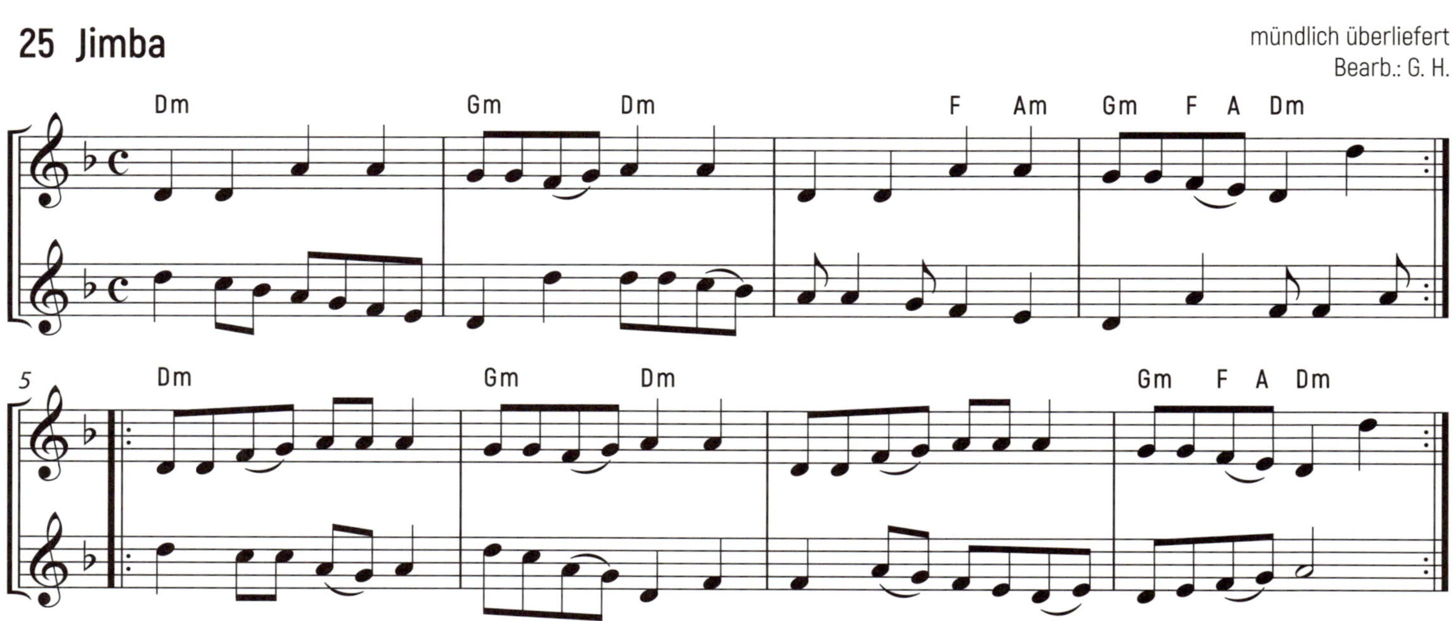

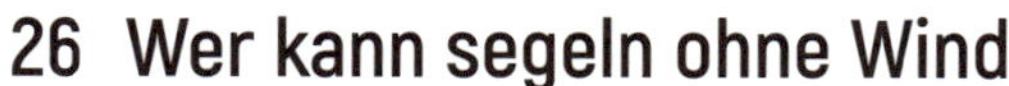

26 Wer kann segeln ohne Wind

aus Skandinavien
Bearb.: G. H.

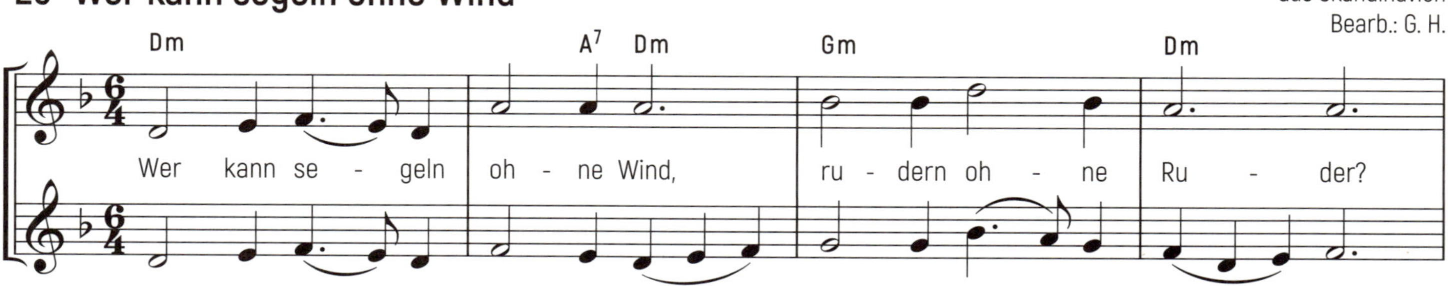

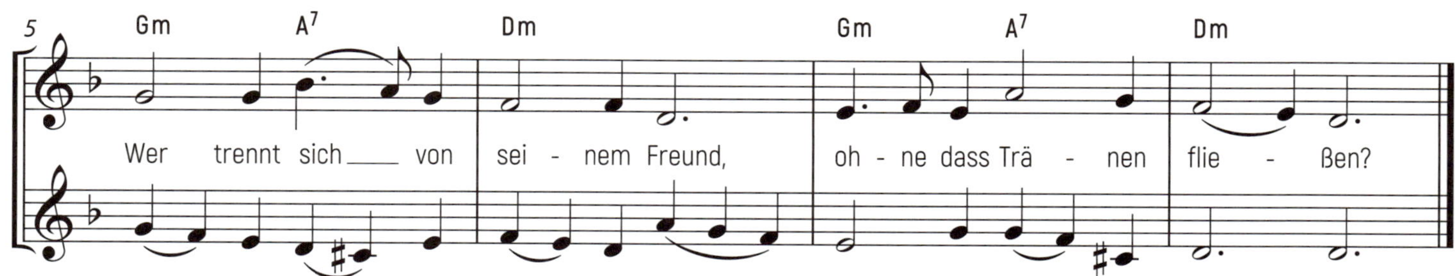

Versuche dieses Stück zu oktavieren. Bedenke aber, dass dann der linke Zeigefinger beim d" offen sein muss.

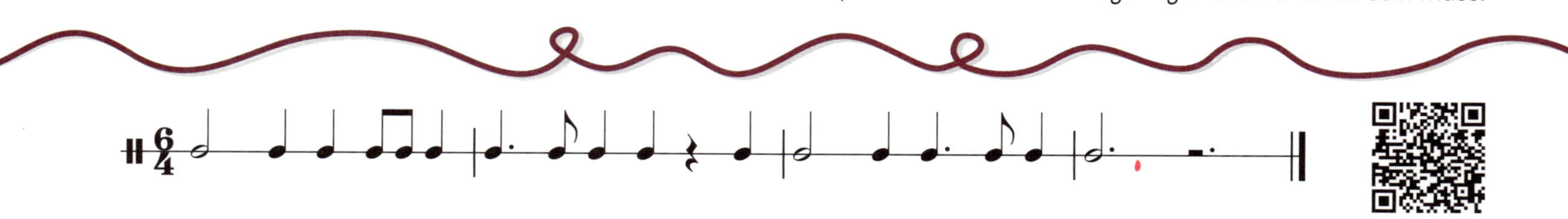

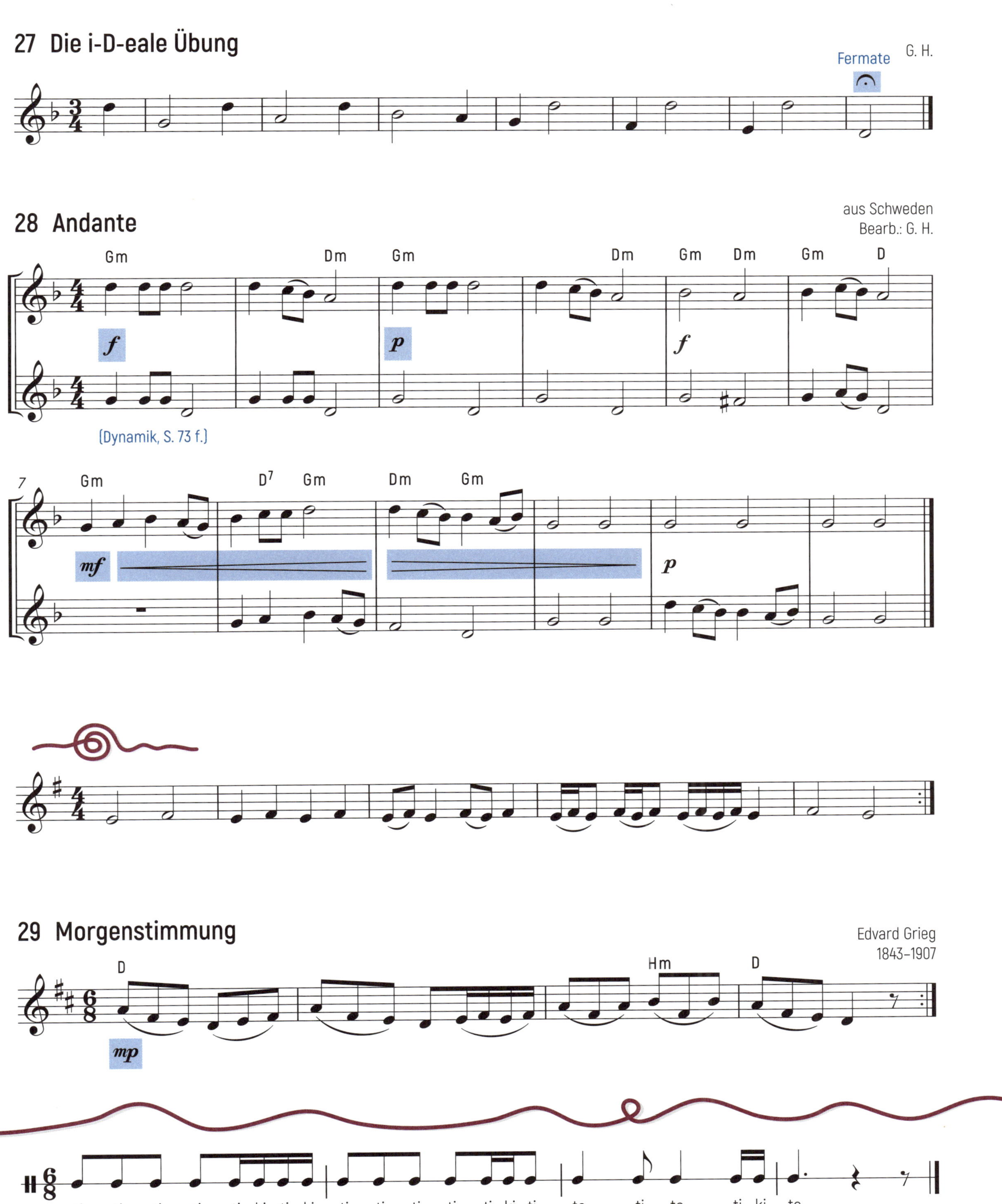
27 Die i-D-eale Übung
G. H.
Fermate
28 Andante
aus Schweden
Bearb.: G. H.
Gm Dm Gm Dm Gm Dm Gm D
f
p
f
(Dynamik, S. 73 f.)
7
Gm D7 Gm Dm Gm
mf
p
29 Morgenstimmung
Edvard Grieg
1843–1907
D Hm D
mp
ti ti ti ti ti ki ti ki ti ti ti ti ti ki ti ta ti ta ti ki ta

30 Gaiment

Joseph Bodin de Boismortier
1689–1755

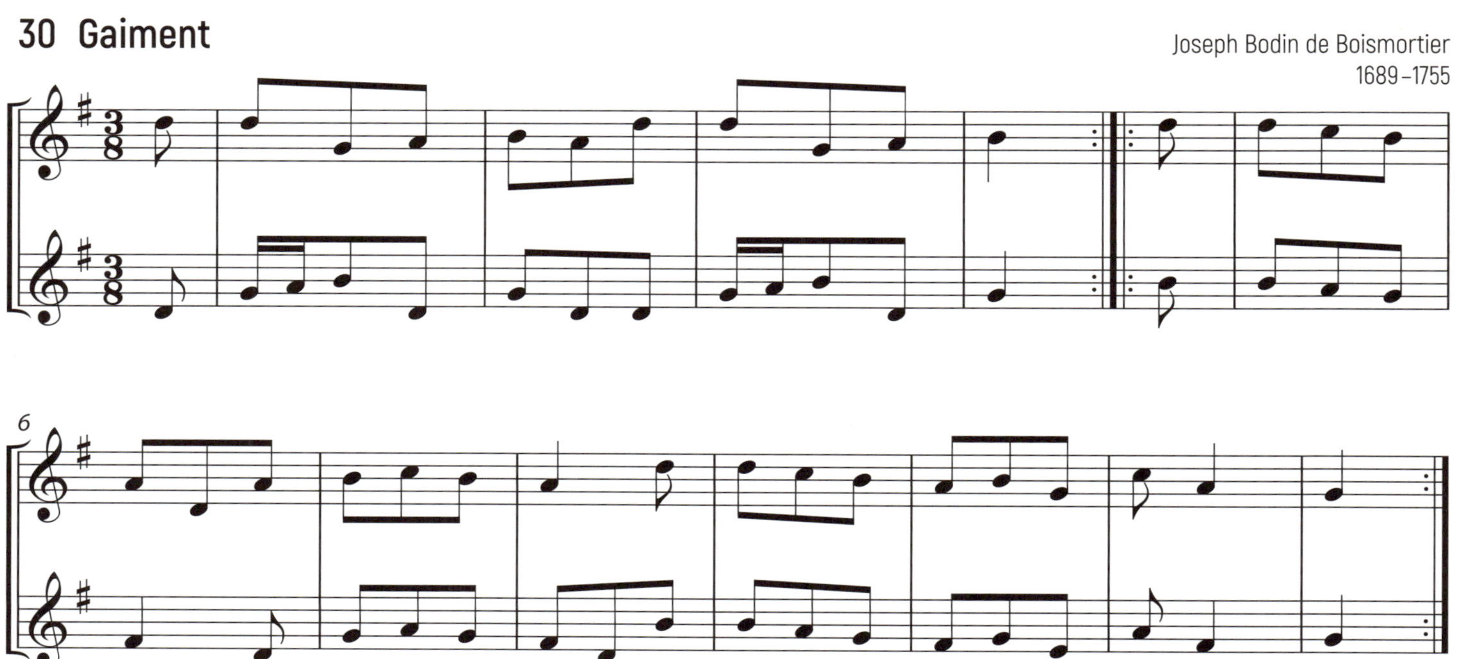

31 G-Dur – Akkord und Tonleiter

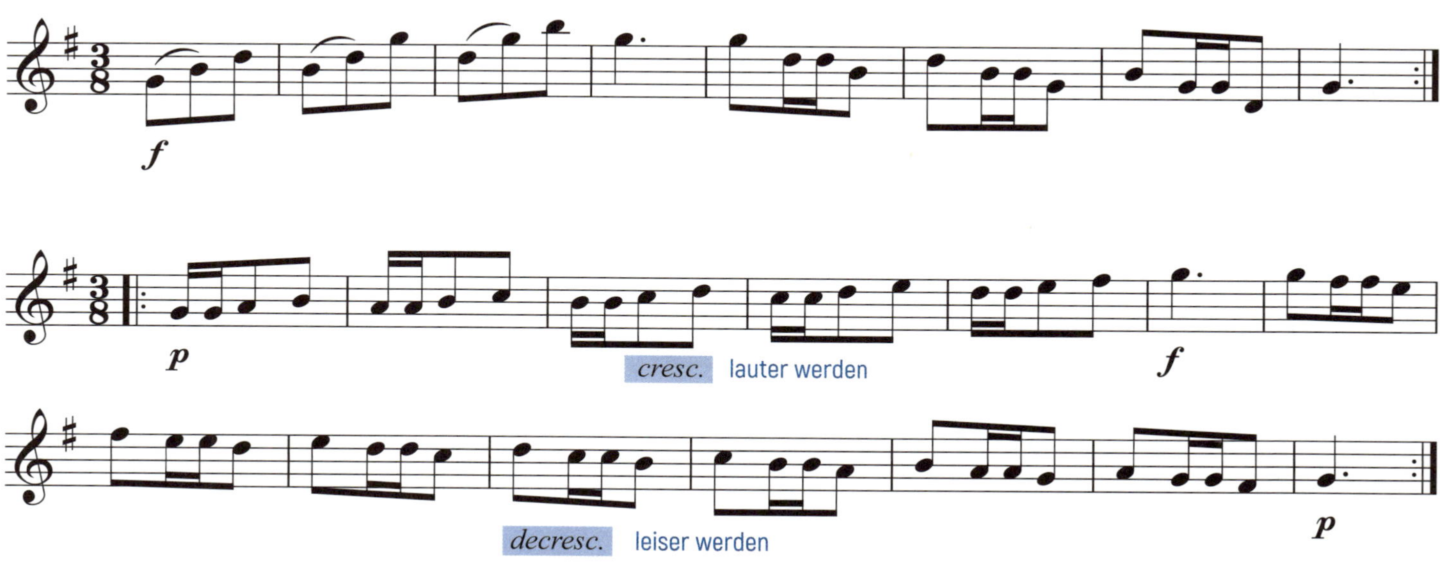

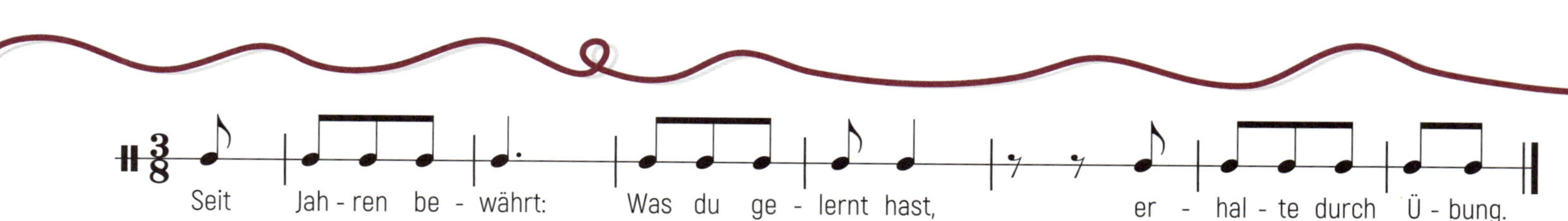

frei nach Ernesto Köhler
1849–1907
Bearb.: G. H.

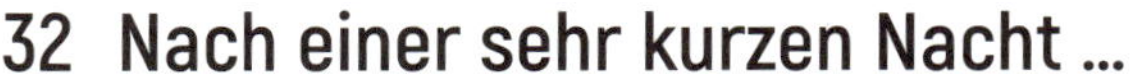

32 Nach einer sehr kurzen Nacht ...

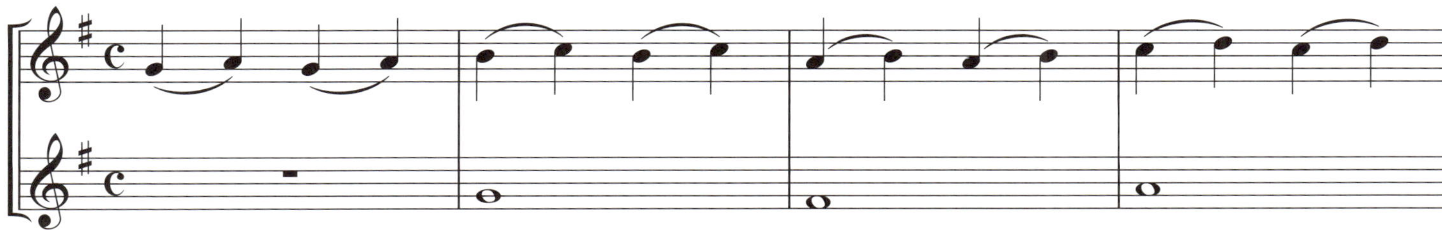

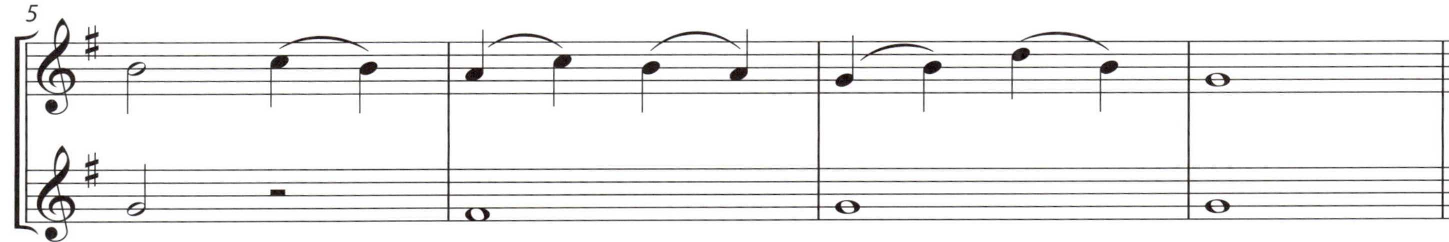

... deutlich wacher

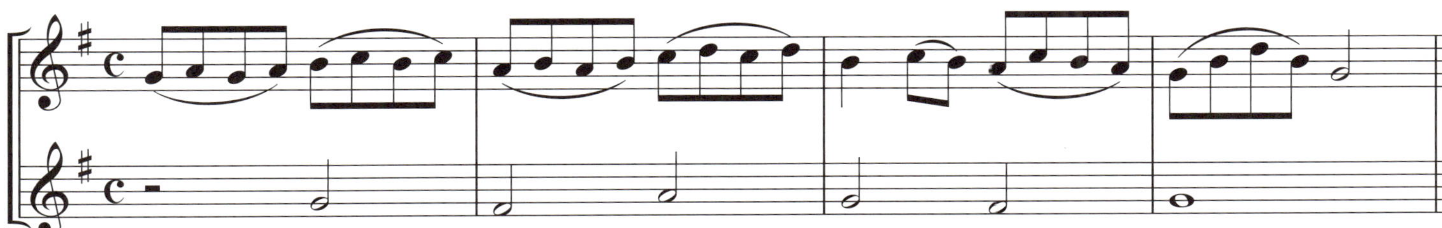

... mit verstauchtem Fuß

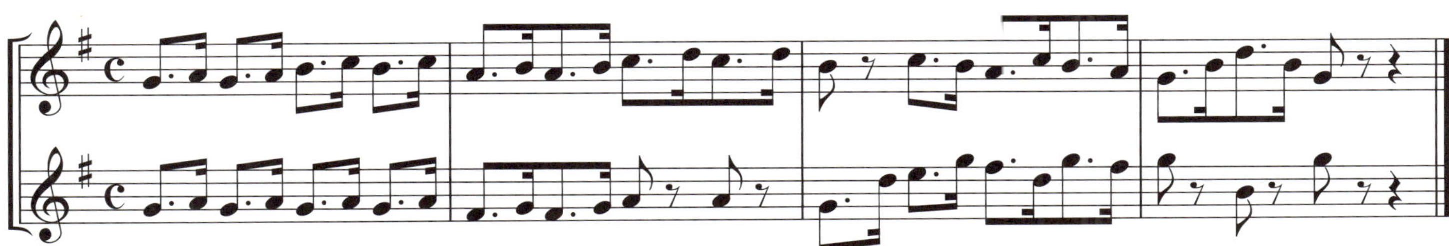

... jetzt aber schnell zum Bus

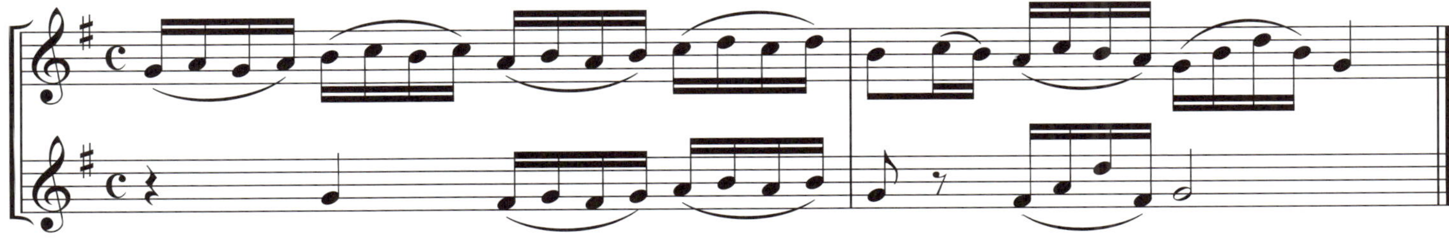

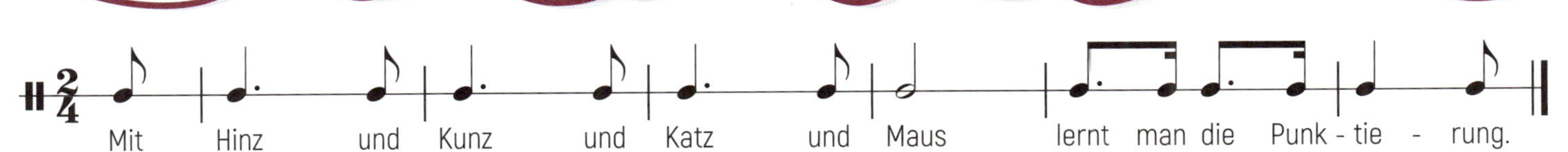

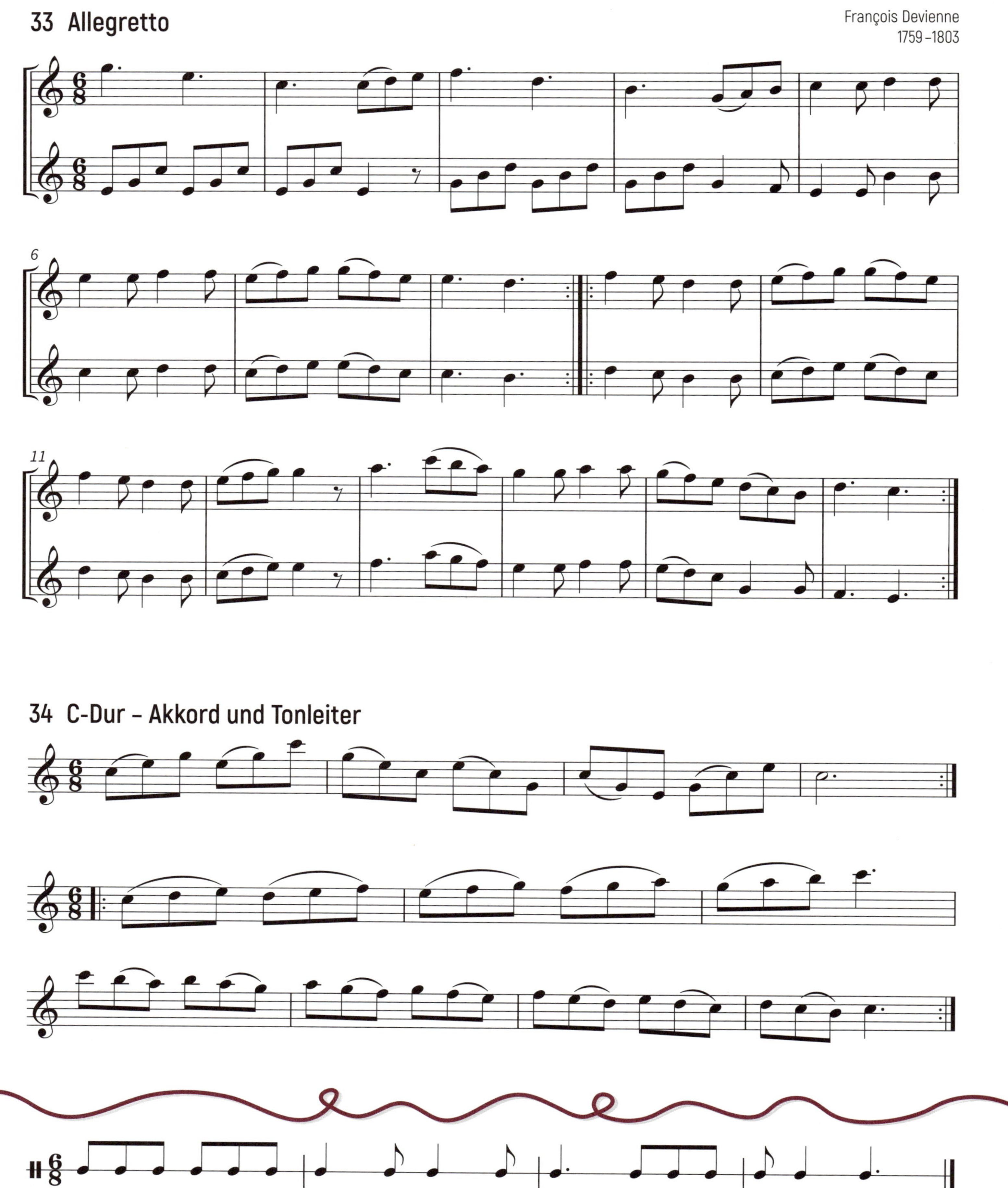
33 Allegretto
François Devienne
1759 – 1803
6
11
34 C-Dur – Akkord und Tonleiter

35 Dos palomitas – Zwei Täubchen

aus Argentinien
Bearb.: G. H.

36 Sambalelê

aus Brasilien
Bearb.: G. H.

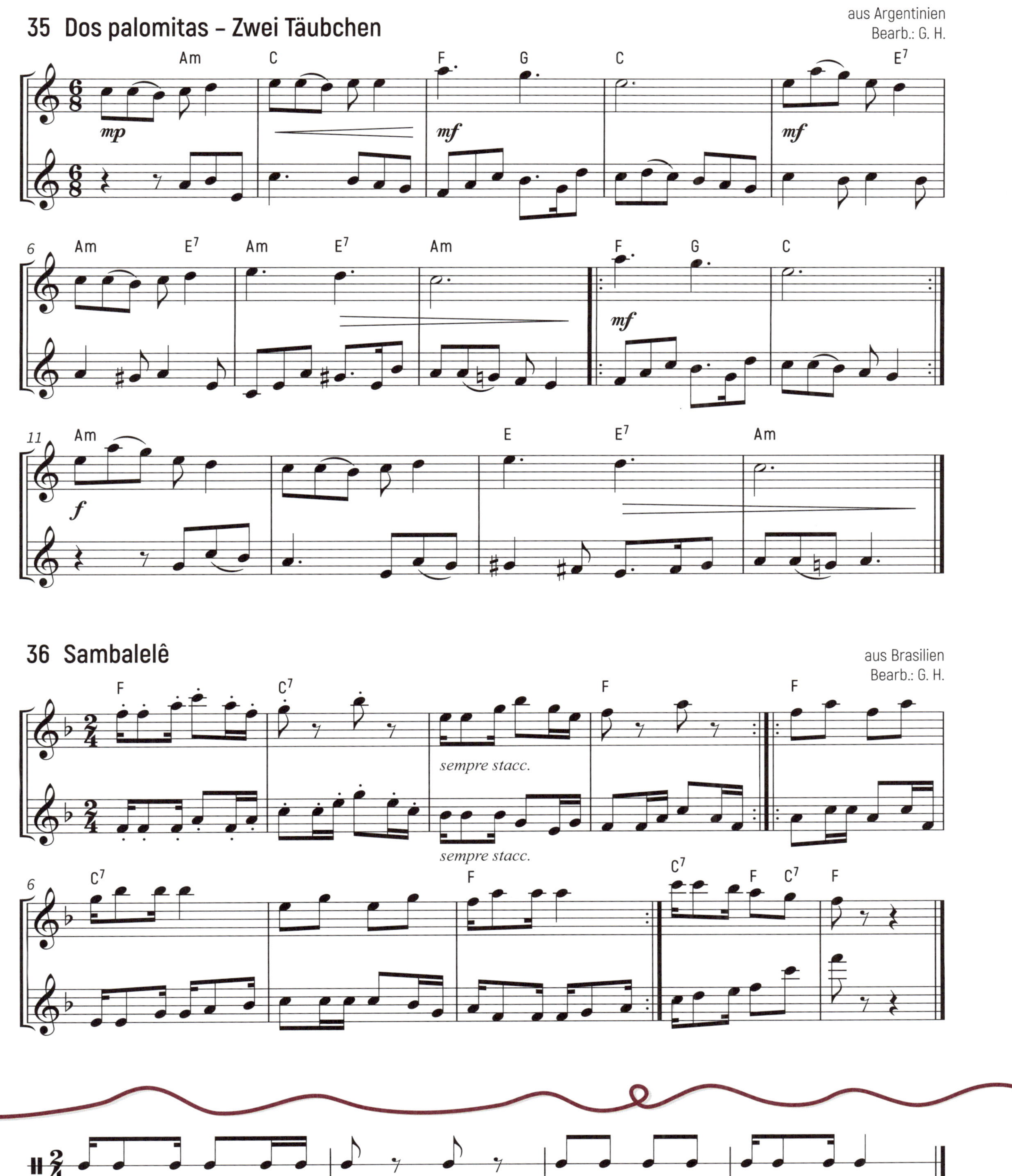

37 Rigaudon

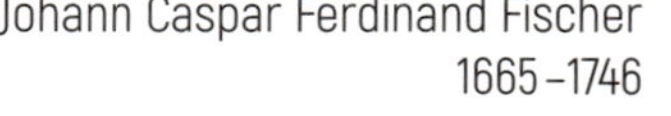
Johann Caspar Ferdinand Fischer
1665–1746
Bearb.: G. H.

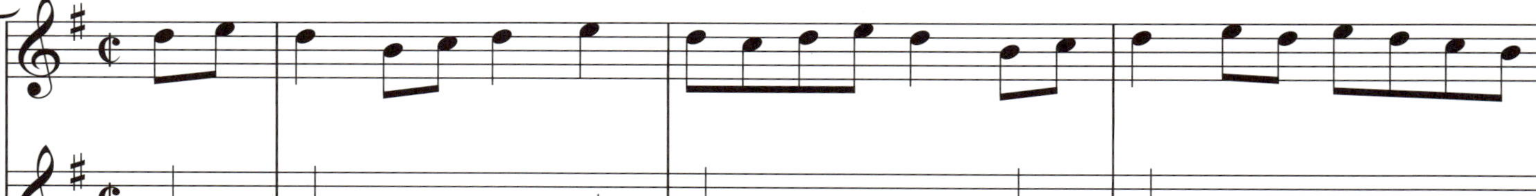

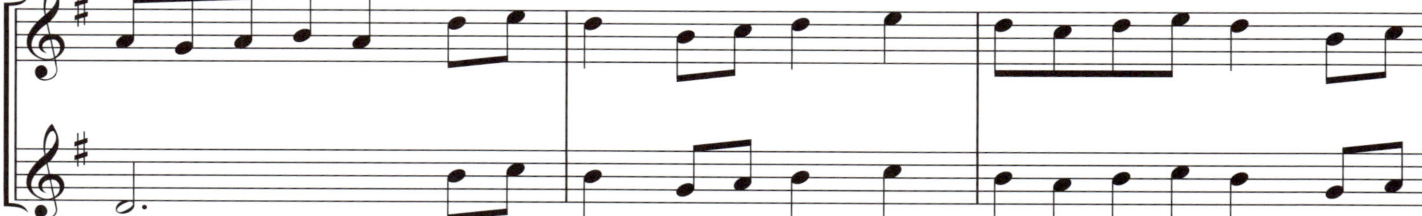

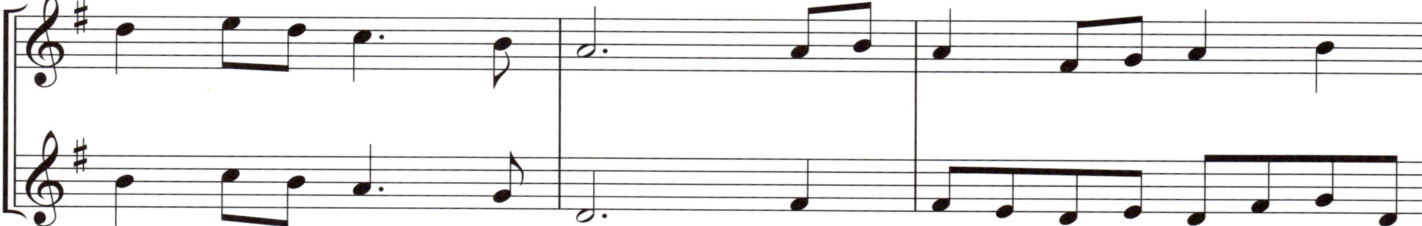

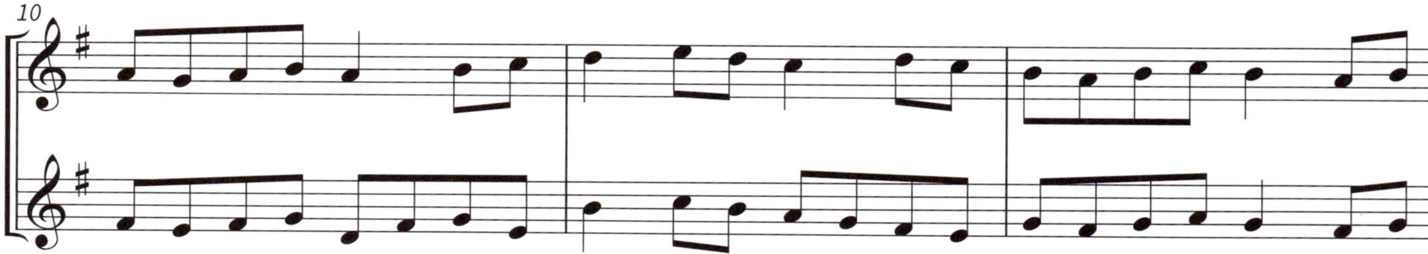

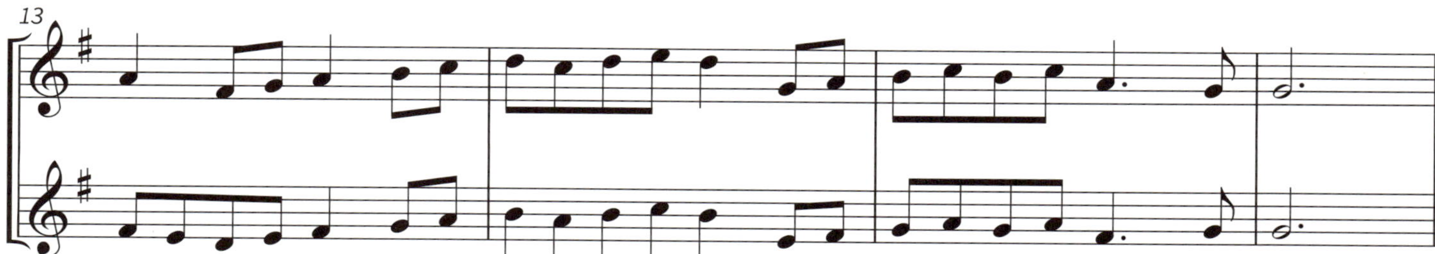

Achte darauf, dass beim c" die Flöte nicht nach innen kippt. Überprüfe deshalb, ob das Hauptgewicht der Flöte auf dem rechten Daumen liegt. Der rechte kleine Finger hält die Flöte in der richtigen Position.

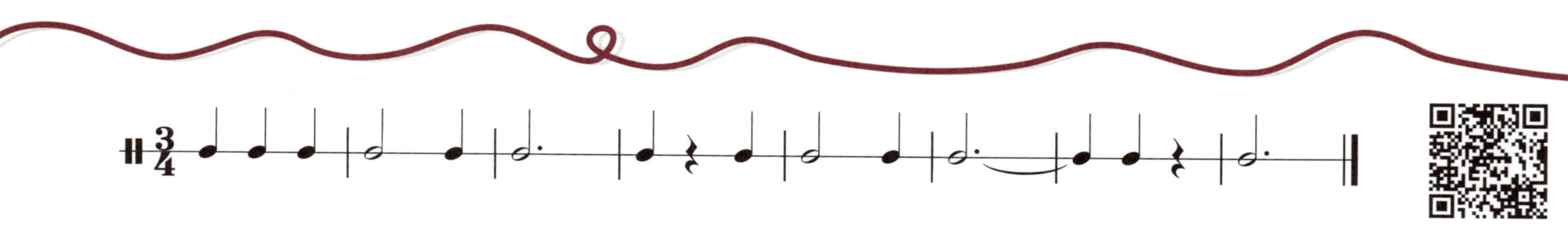

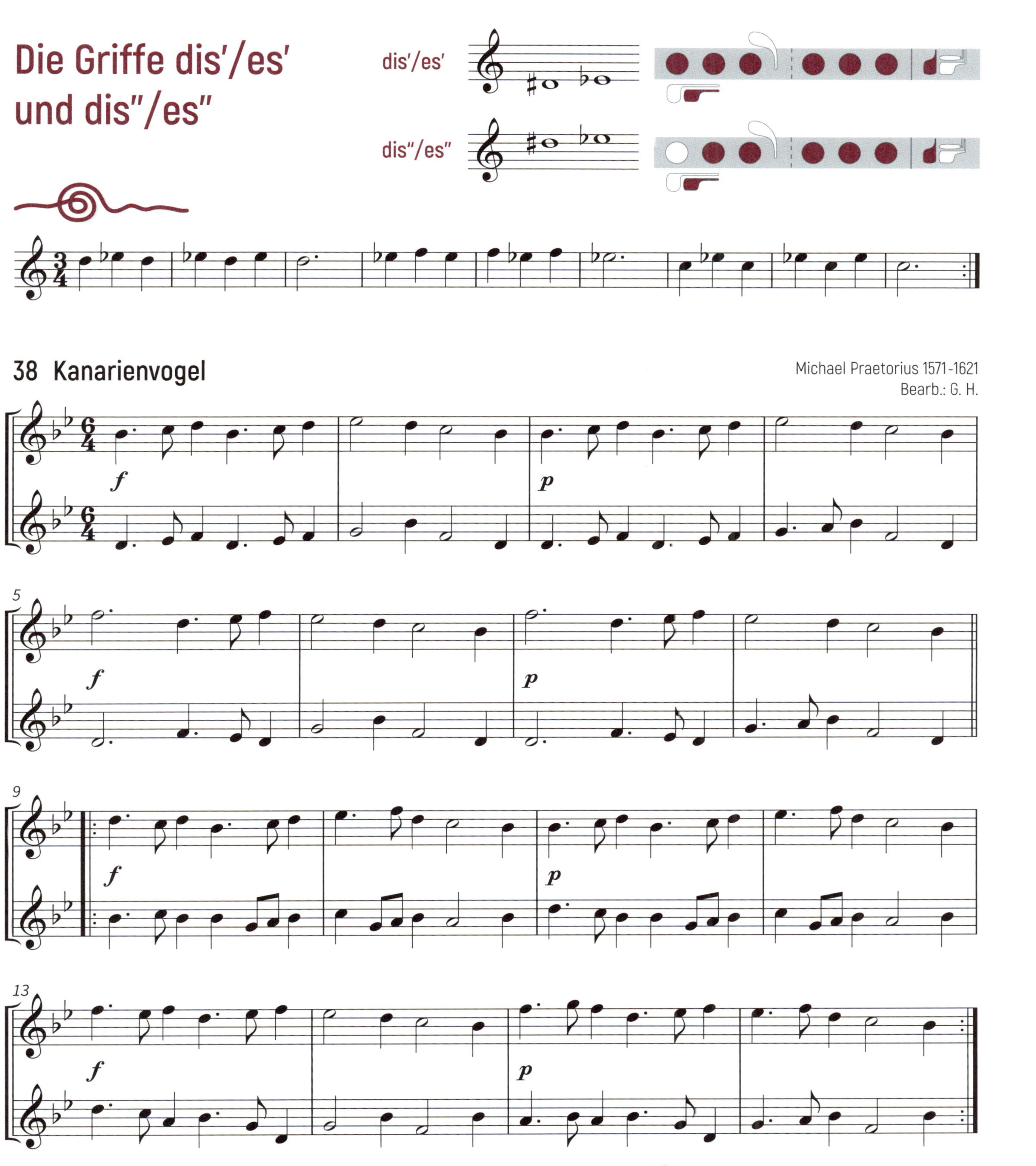

Unter **Enharmonik** oder **Enharmonischer Verwechslung** versteht man die unterschiedliche Benennung gleicher Töne, z. B. entspricht **es** dem Ton **dis**.

cis/des dis/es fis/ges gis/as ais/b

Am besten ist dies auf der Klaviertastatur (S. 71) zu erkennen.

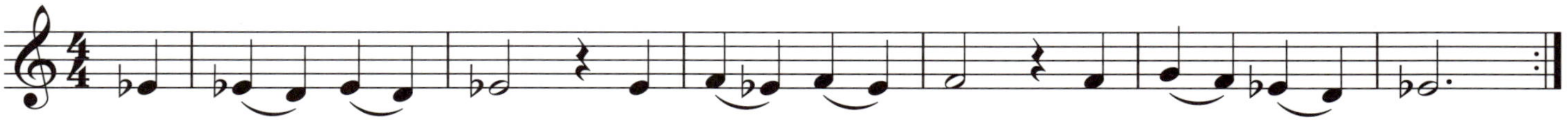

39 Russisches Volkslied

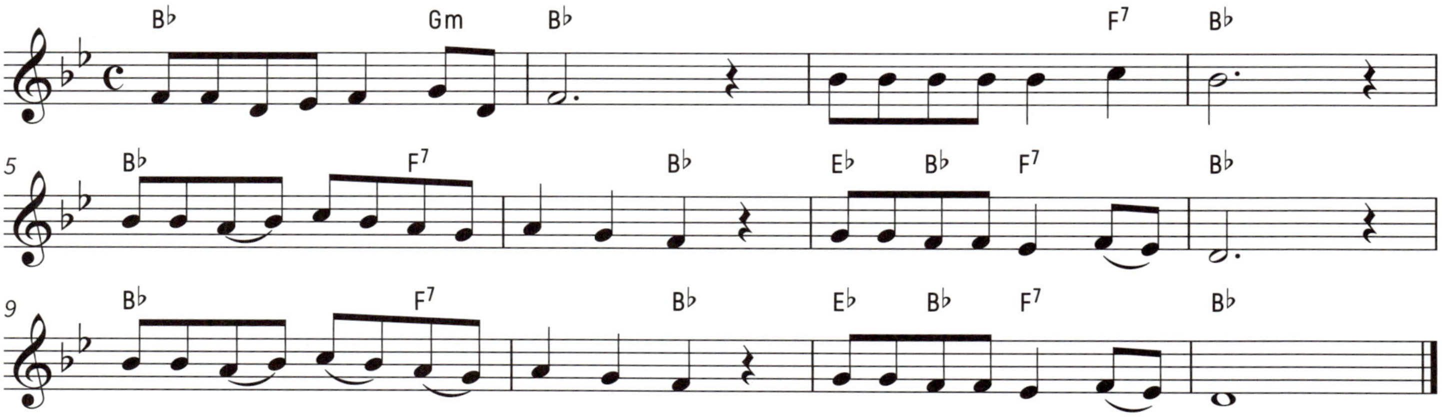

B♭ Gm B♭ F7 B♭

5 B♭ F7 B♭ E♭ B♭ F7 B♭

9 B♭ F7 B♭ E♭ B♭ F7 B♭

40 Russisches Volkslied – oktaviert

Bearb.: G. H.

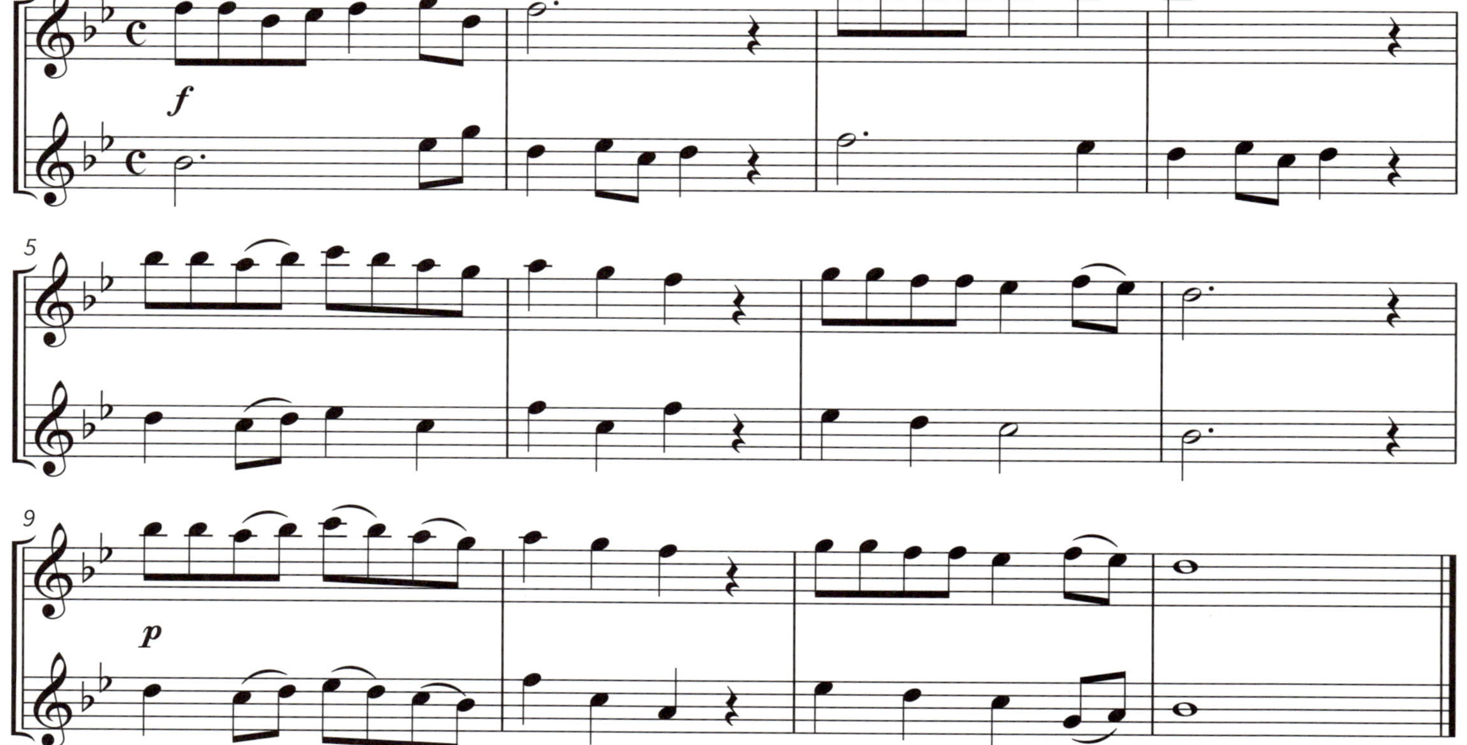

Versuche doch auch, die zweite Stimme zu spielen.

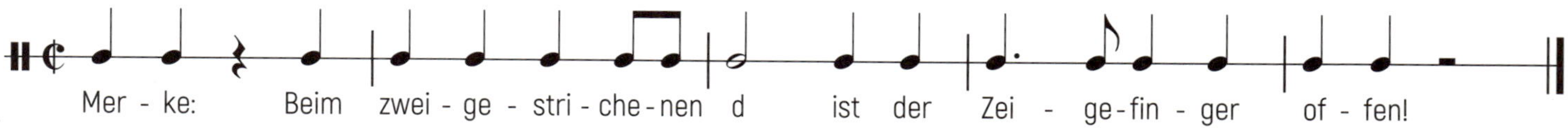

Mer - ke: Beim zwei - ge - stri - che - nen d ist der Zei - ge - fin - ger of - fen!

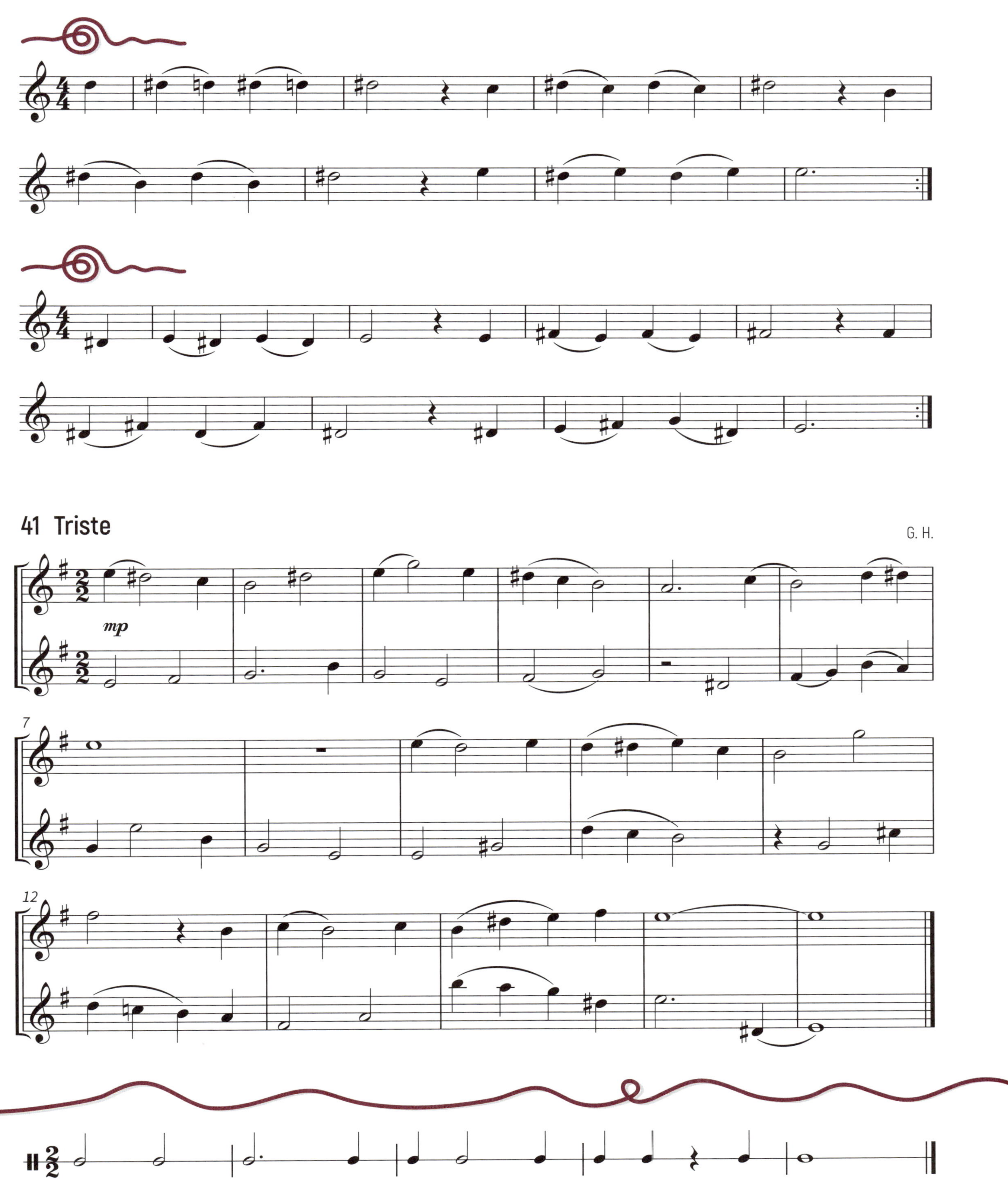
41 Triste
G. H.
mp

42 Joshua Fit The Battle Of Jericho

Spiritual
Bearb.: Heinrich J. Hartl
*1953

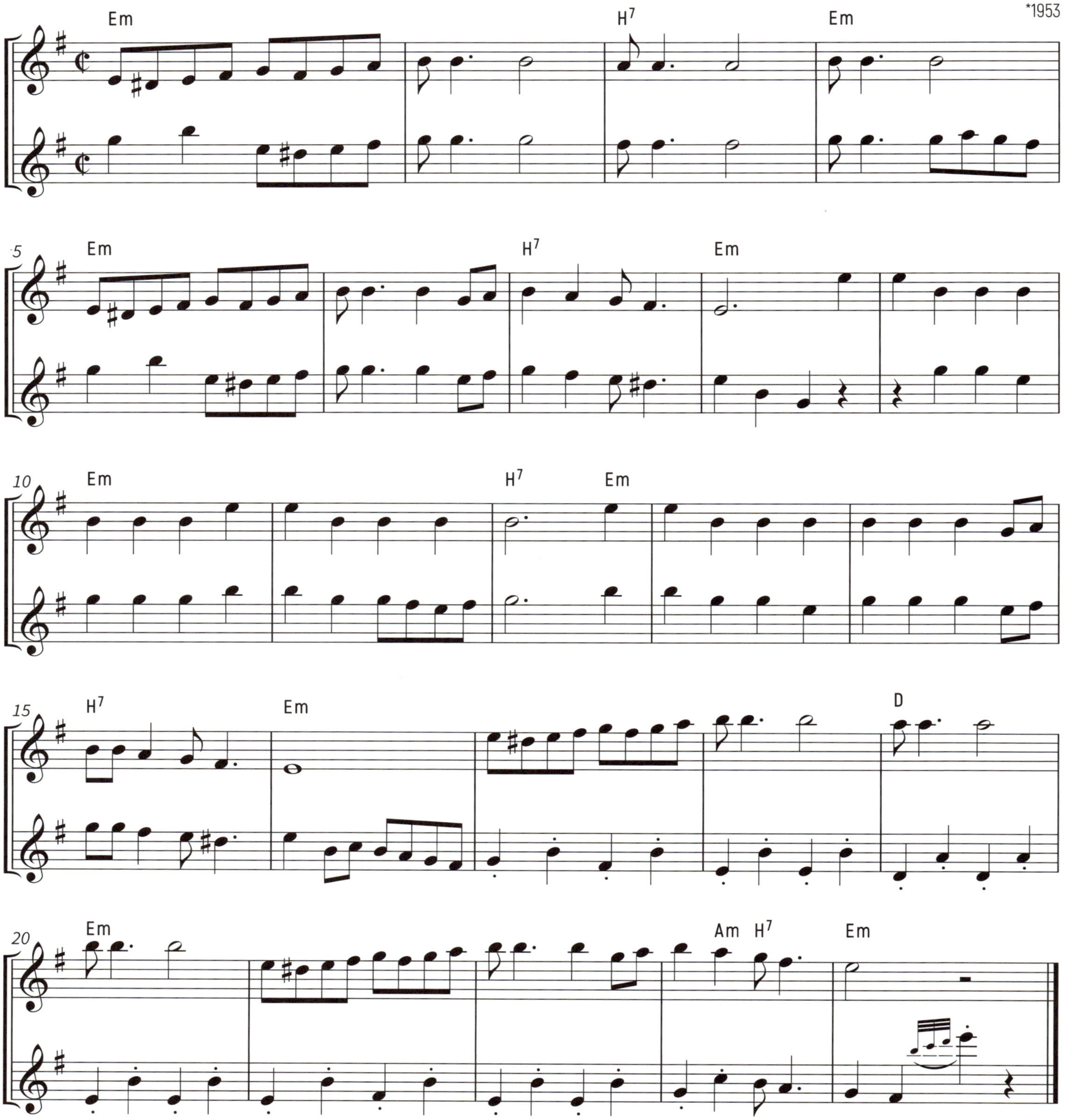

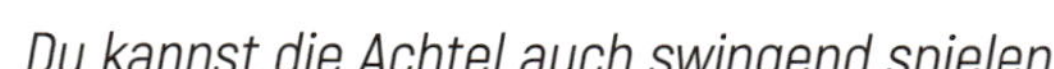

Du kannst die Achtel auch swingend spielen.

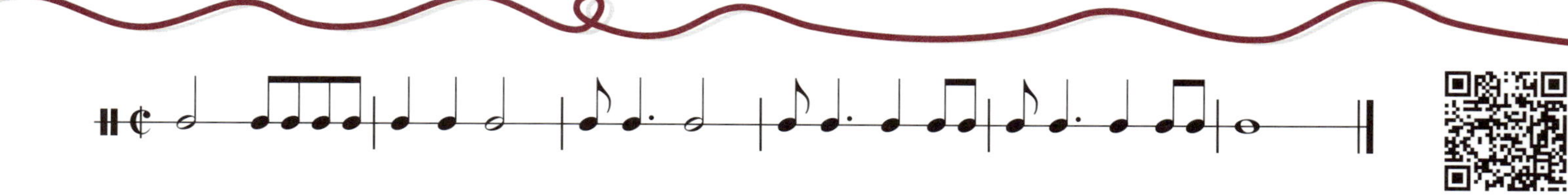

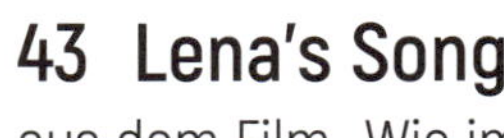

43 Lena's Song

aus dem Film „Wie im Himmel"

Stefan Nilsson *1955
Bearb.: G.H.

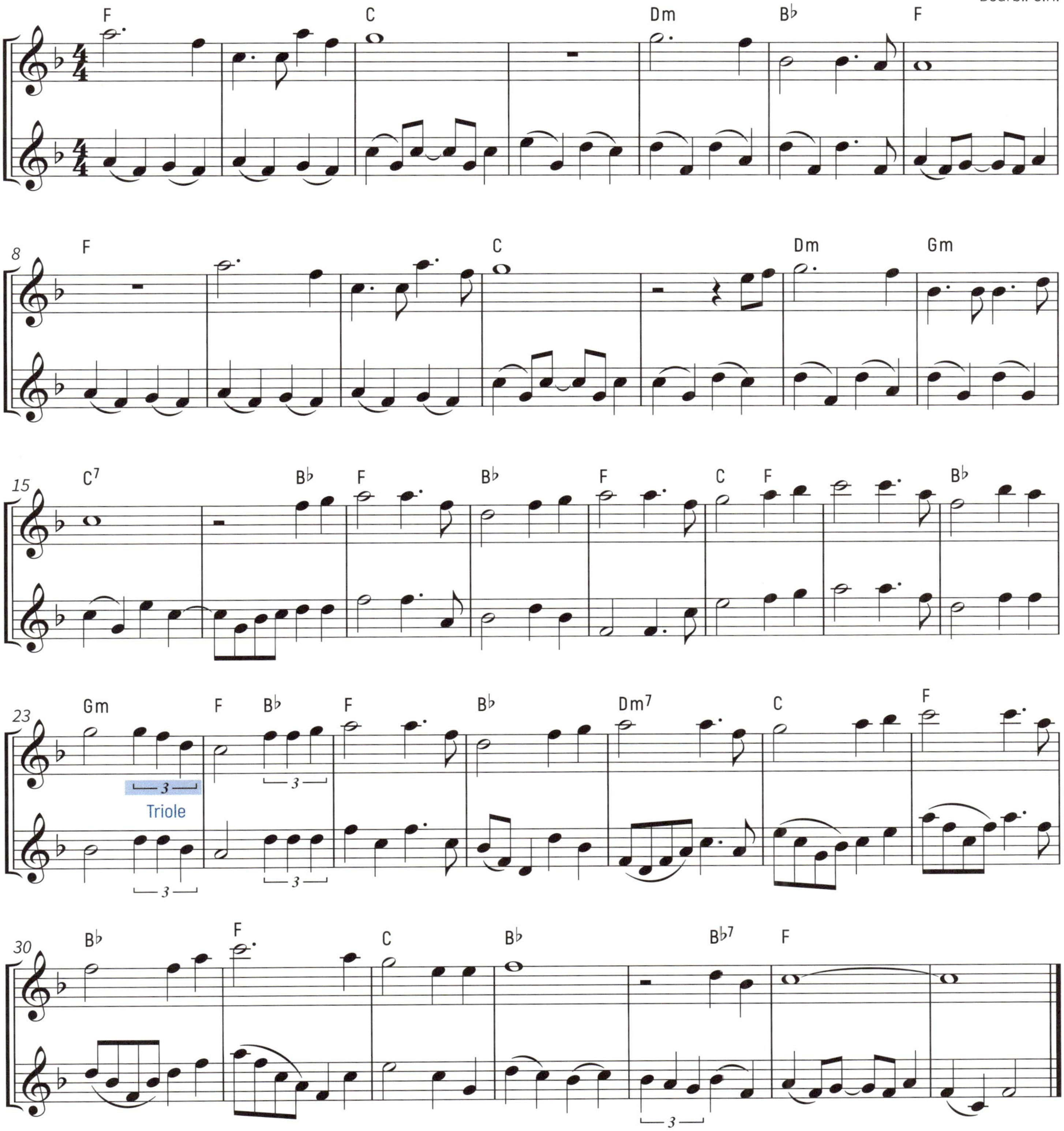

F C Dm B♭ F

8 F C Dm Gm

15 C7 B♭ F B♭ F C F B♭

23 Gm F B♭ F B♭ Dm7 C F

3 Triole 3 3 3

30 B♭ F C B♭ B♭♭7 F

3

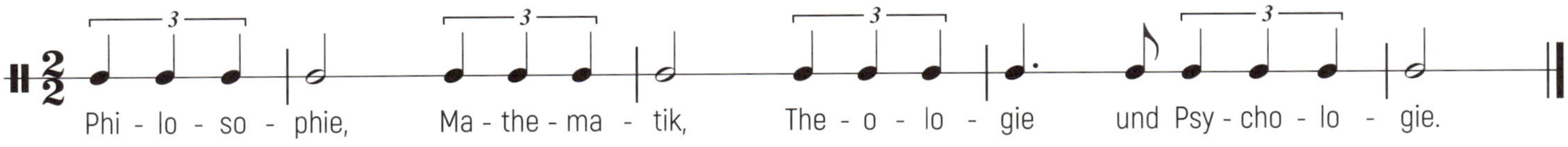

Phi - lo - so - phie, Ma - the - ma - tik, The - o - lo - gie und Psy - cho - lo - gie.

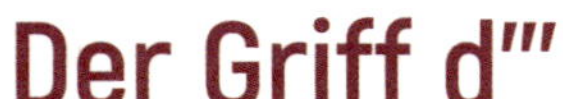

Der Griff d'''

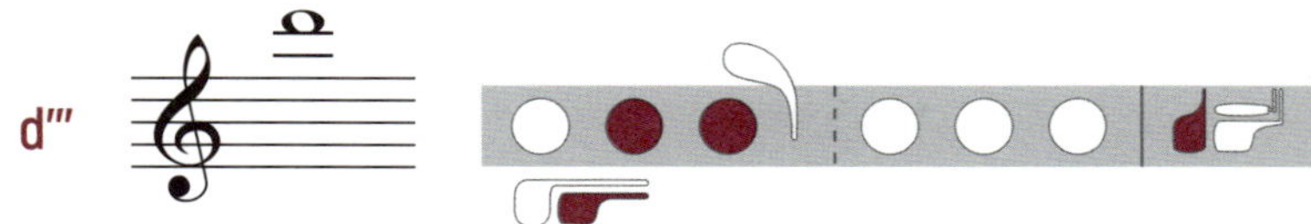

44 Andante

Franz Schubert 1797–1828
Bearb.: Ernesto Köhler

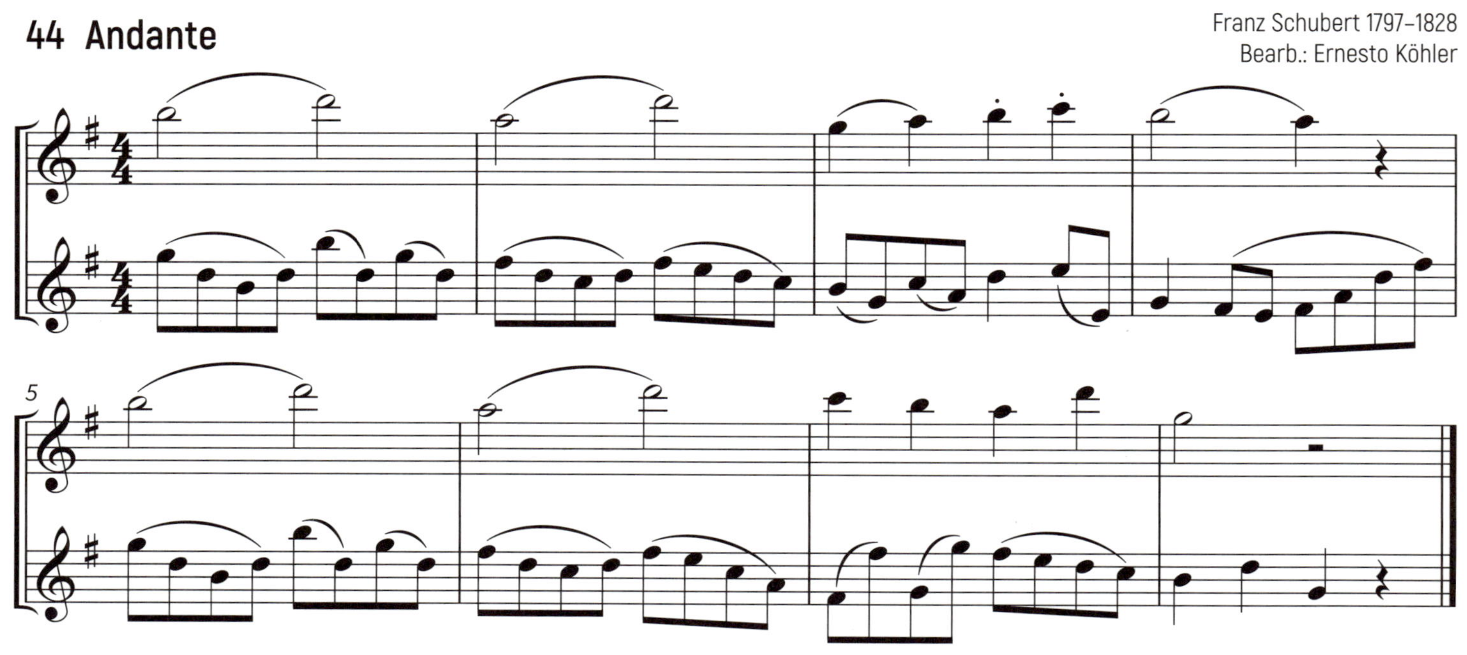

45 Der Maien ist kommen

aus der Schweiz

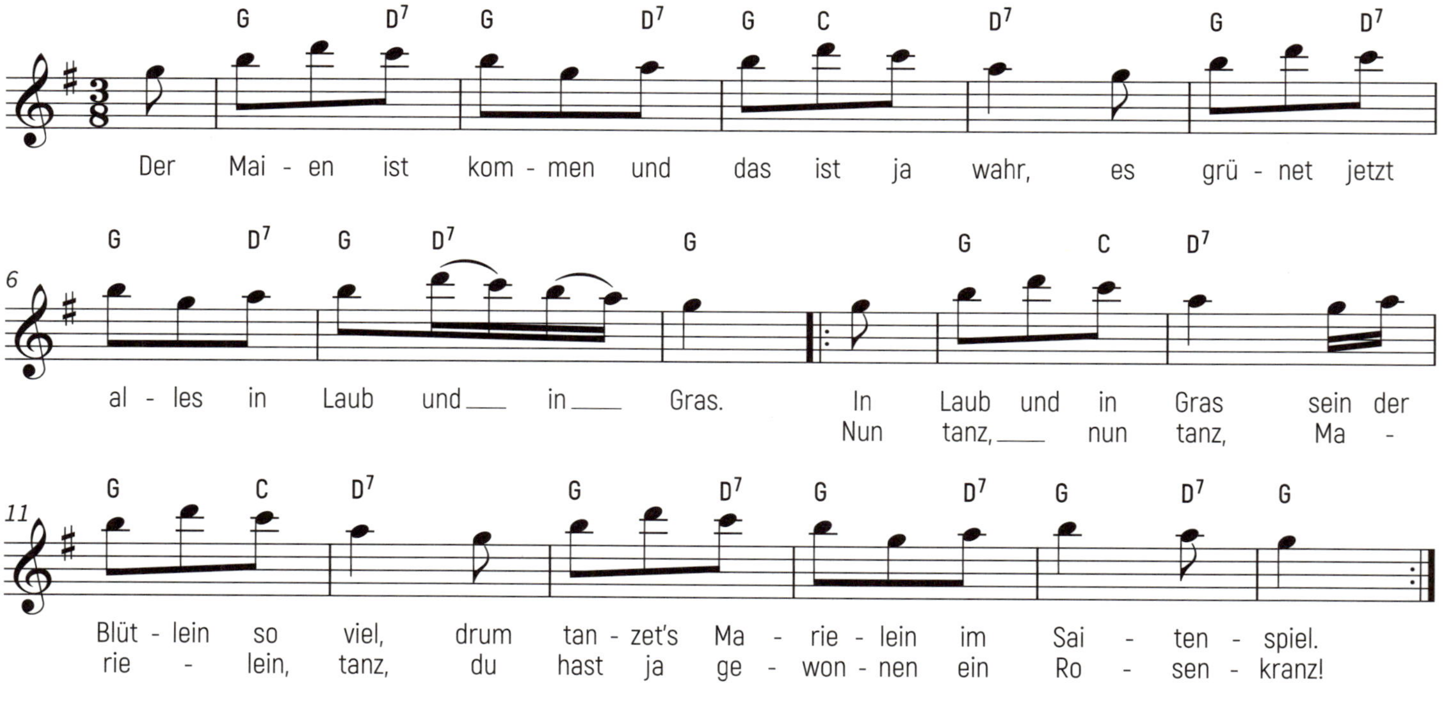

G D7 G D7 G C D7 G D7

Der Mai - en ist kom - men und das ist ja wahr, es grü - net jetzt

6 G D7 G D7 G G C D7

al - les in Laub und__ in__ Gras. In Laub und in Gras sein der
Nun tanz,__ nun tanz, Ma -

11 G C D7 G D7 G D7 G D7 G

Blüt - lein so viel, drum tan - zet's Ma - rie - lein im Sai - ten - spiel.
rie - lein, tanz, du hast ja ge - won - nen ein Ro - sen - kranz!

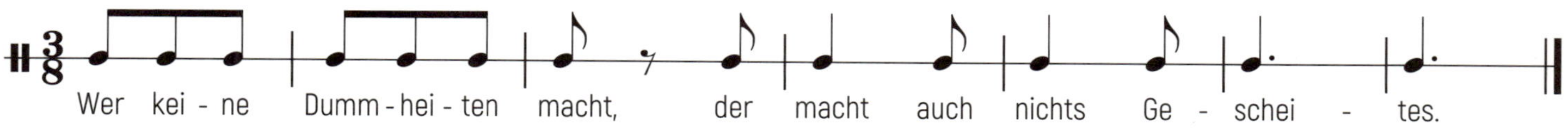

Wer kei - ne Dumm - hei - ten macht, der macht auch nichts Ge - schei - tes.

46 Menuet

Anonym
England, 18. Jh.

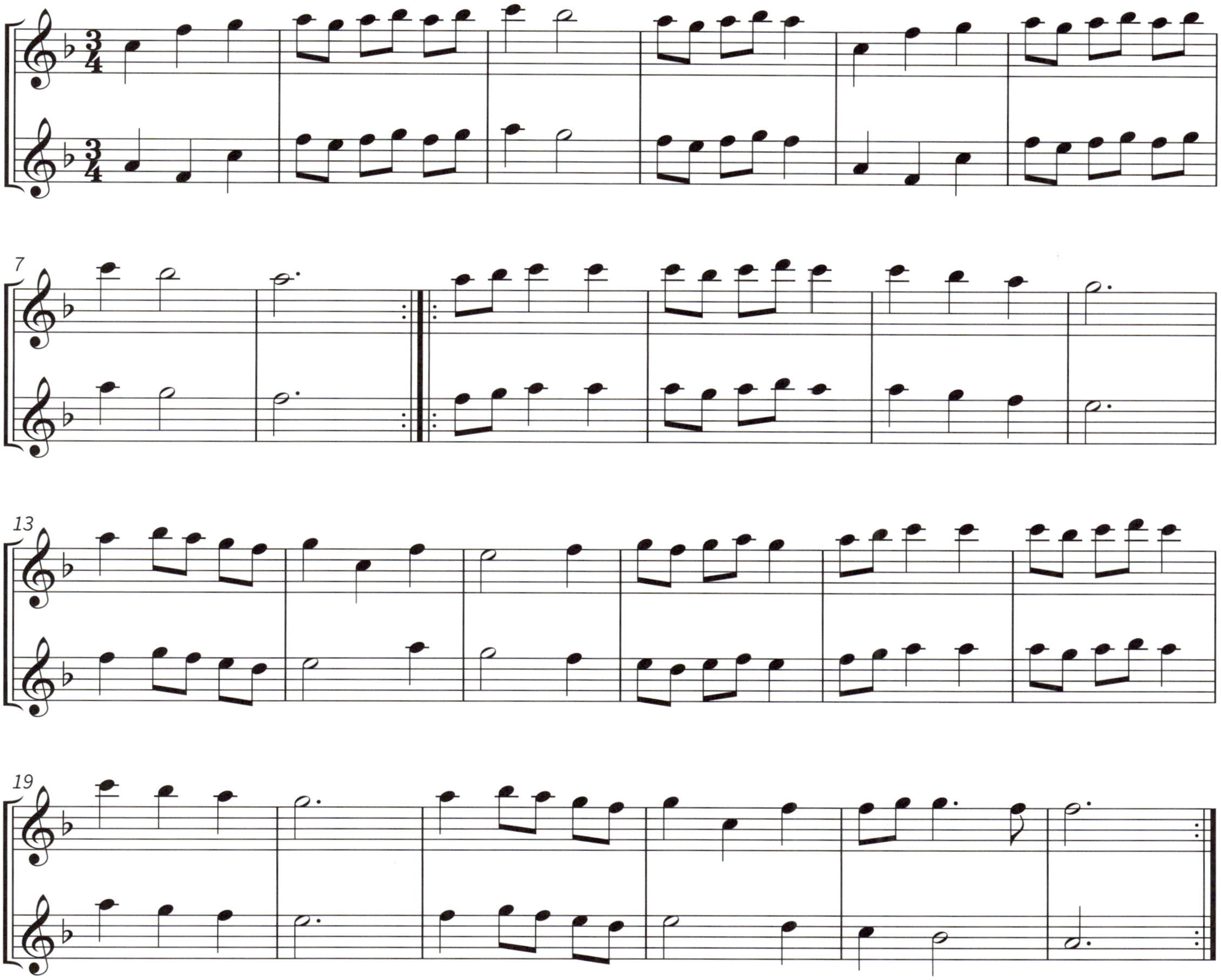

Zeichne Artikulation und Dynamik ein.

47 3-D-Brille

G. H.

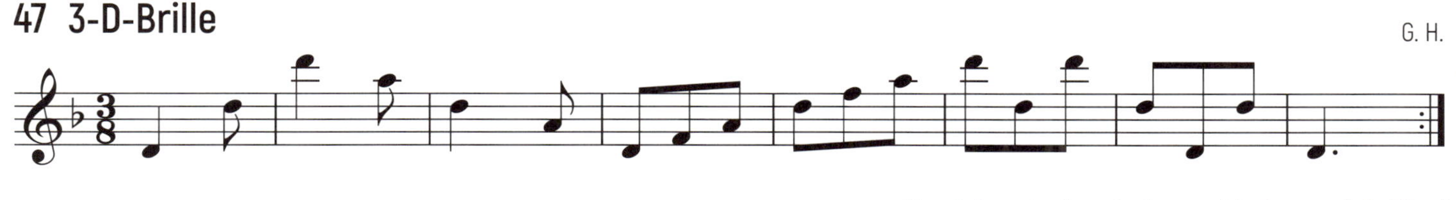

Vorsicht mit den drei verschiedenen d-Griffen!

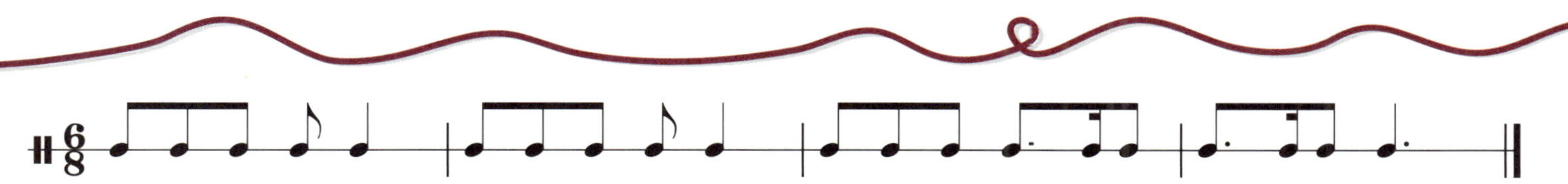

48 Loch Lomond

aus Schottland
Bearb.: G. H.

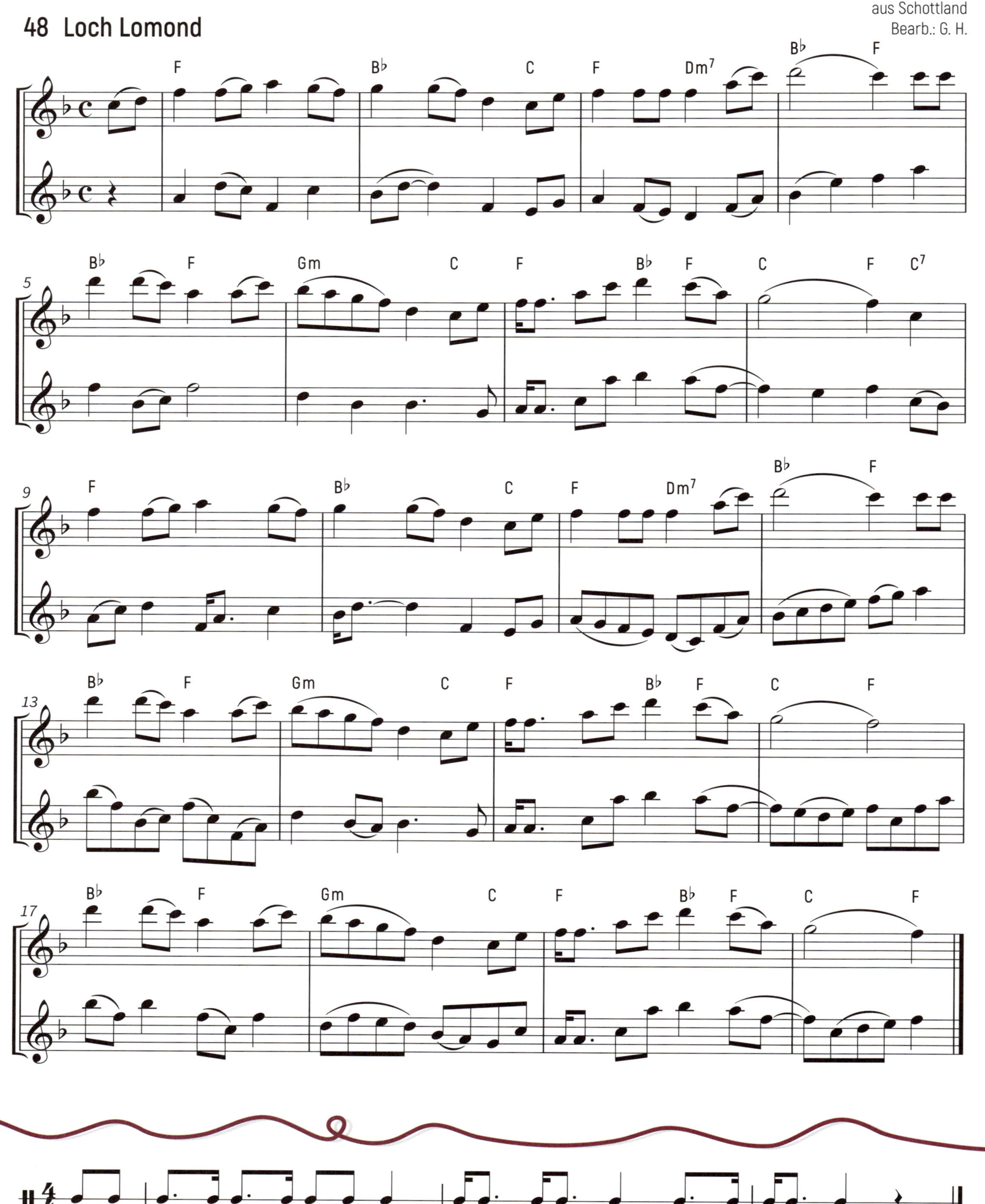

49 Aufzug

aus dem 19. Jh.

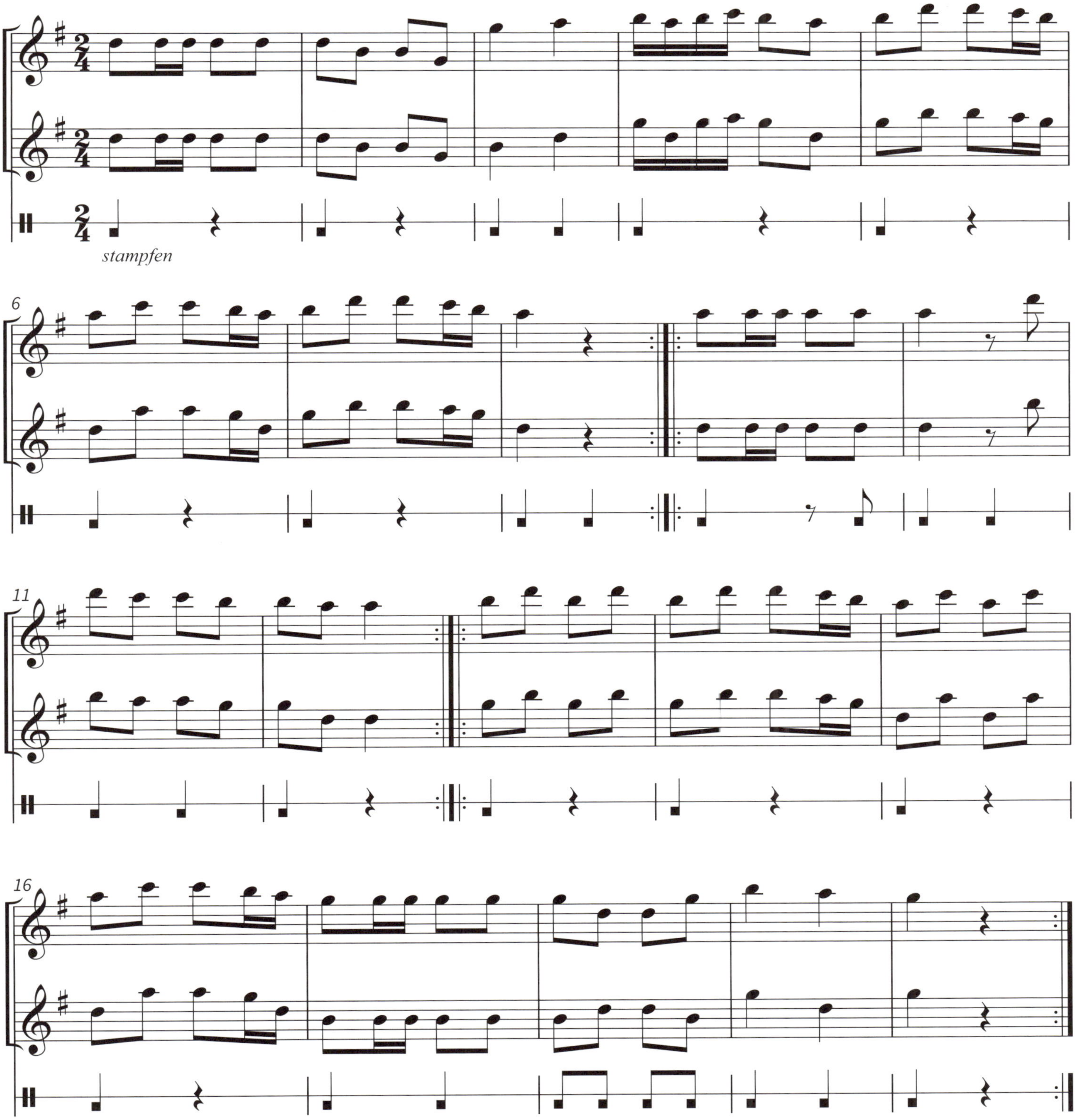

stampfen

Ganz Bewegliche können den Rhythmus dazu stampfen.

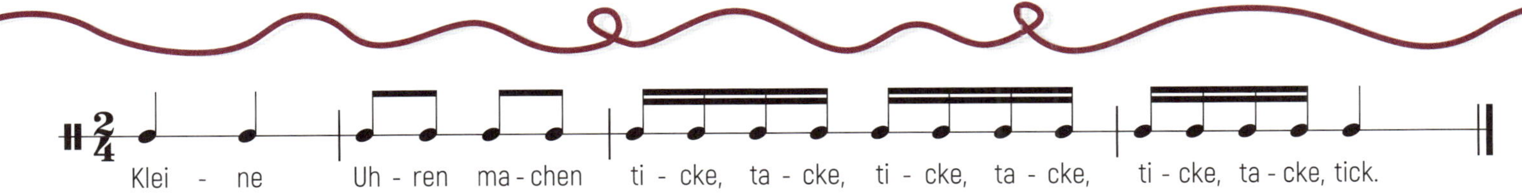

50 Ollantay

aus Peru

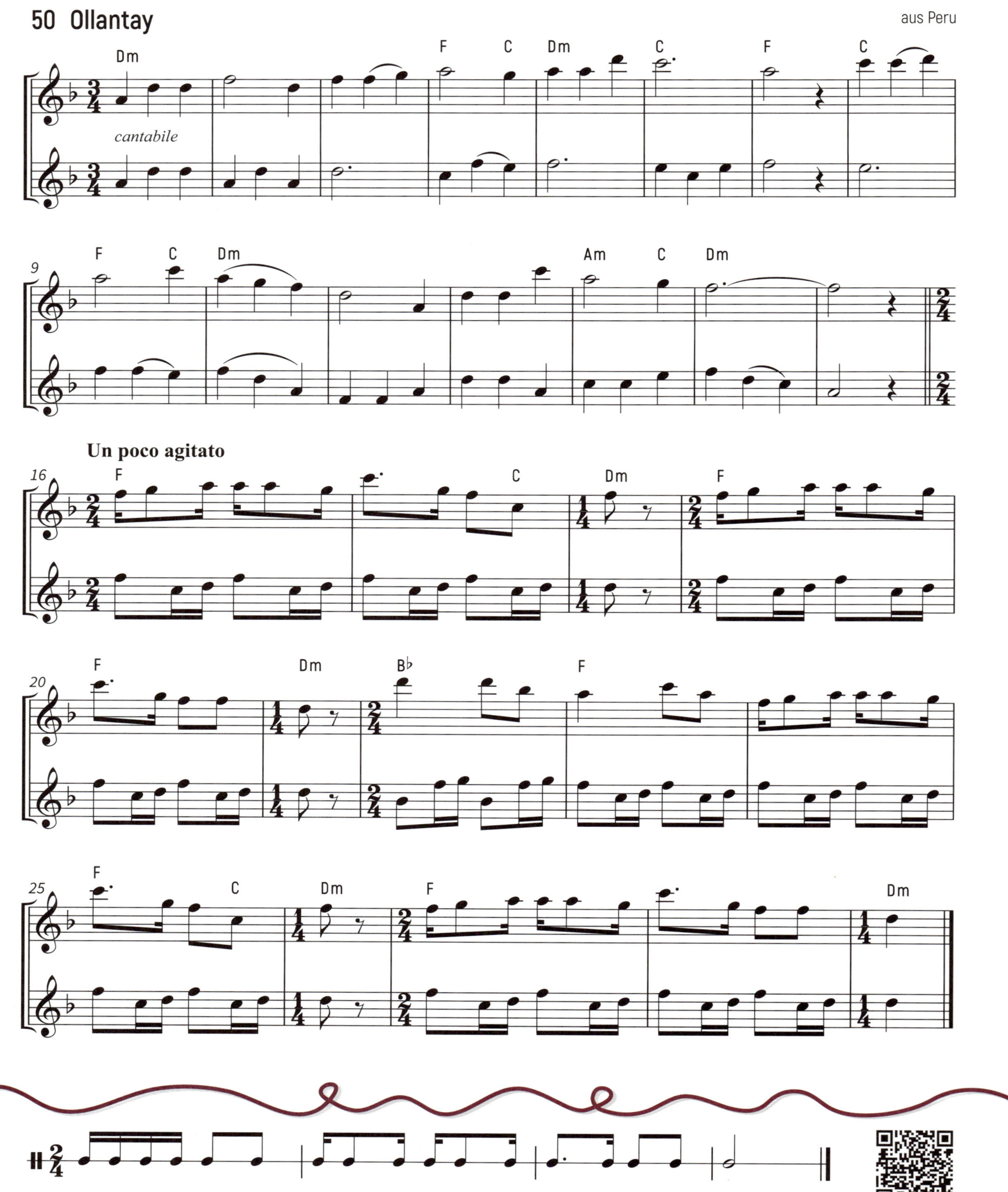

Der Griff cis''

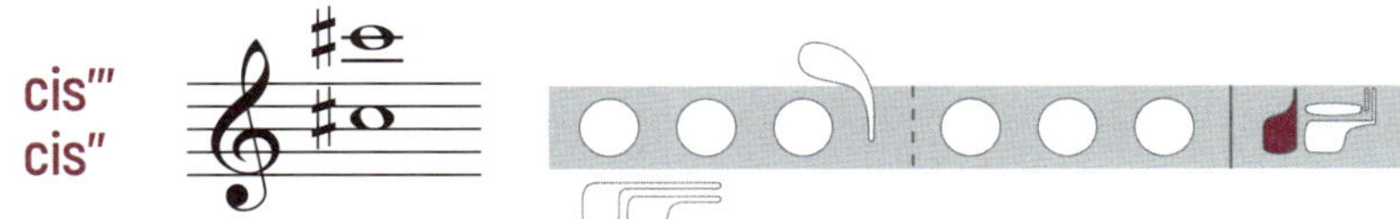

51 Bruder Jakob – Kanon

aus Frankreich

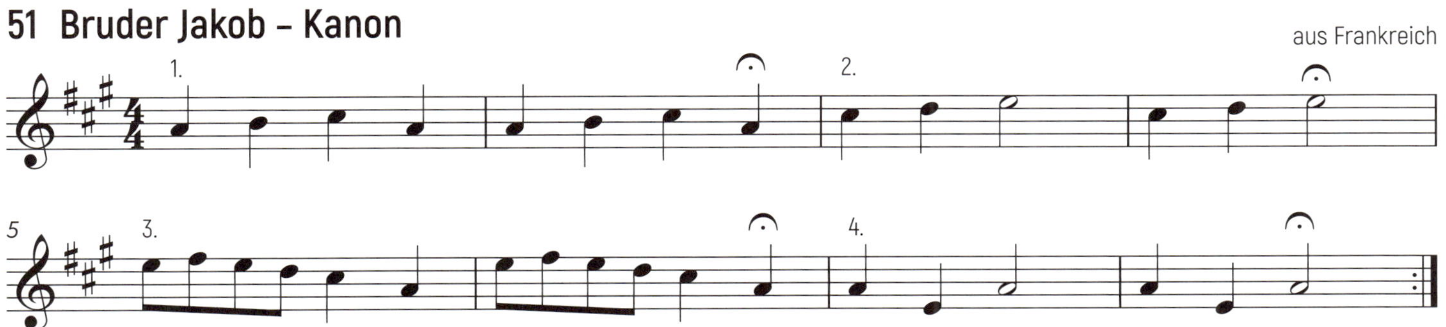

Beginne doch auch mal mit g'. Welche Vorzeichen gelten dann?

52 Zwiefacher

aus Niederbayern
Bearb.: G. H.

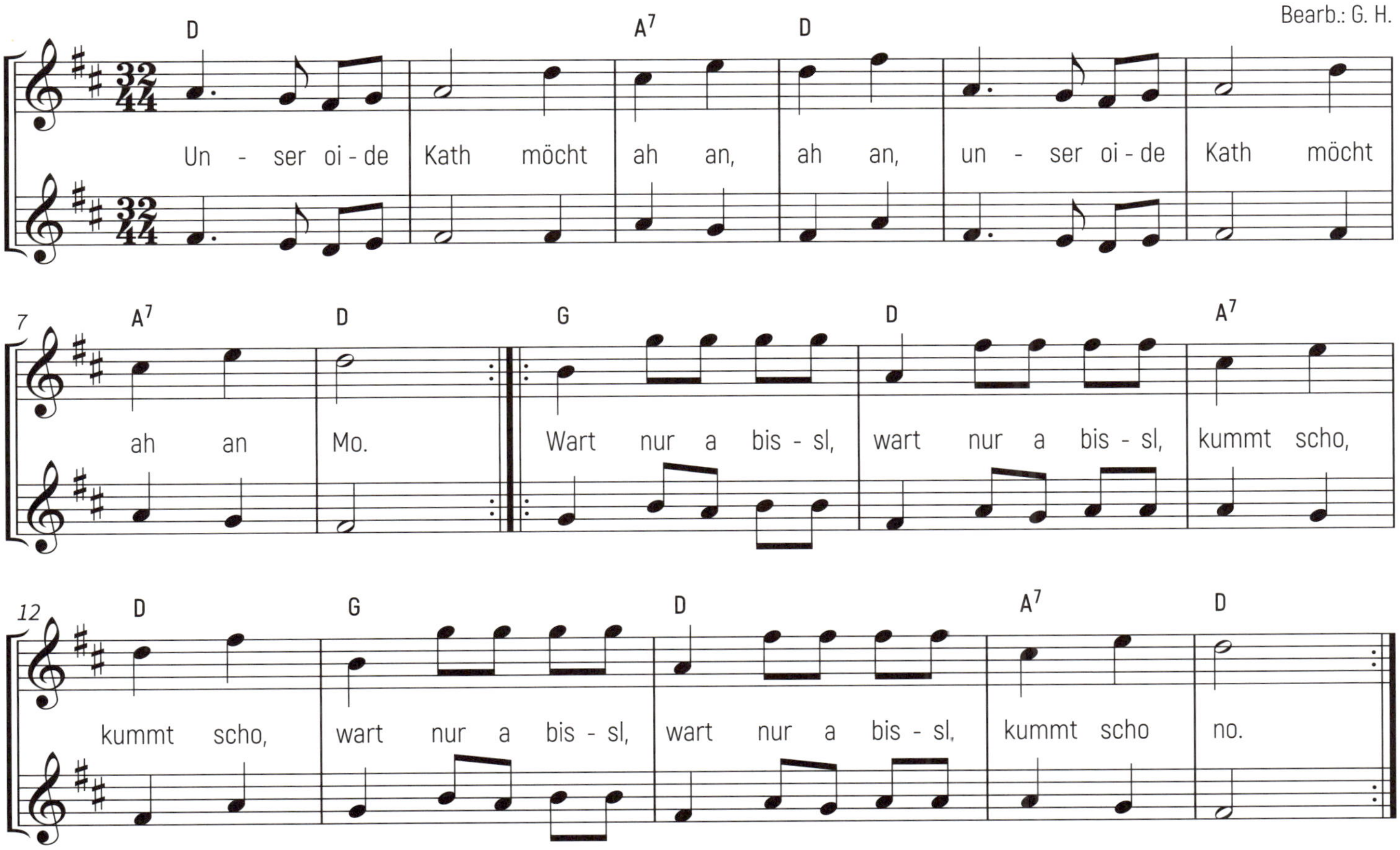

D A7 D A7 D G D A7 D G D A7 D

Un - ser oi - de Kath möcht ah an, ah an, un - ser oi - de Kath möcht ah an Mo.
Wart nur a bis - sl, wart nur a bis - sl, kummt scho, kummt scho, wart nur a bis - sl, wart nur a bis - sl, kummt scho no.

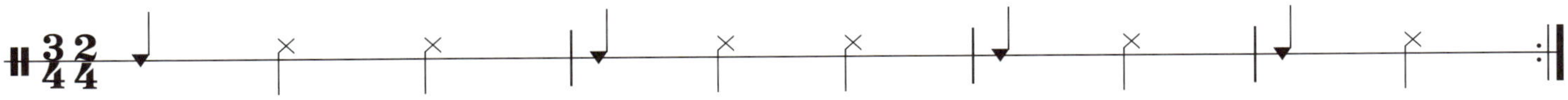

pa kla kla

53 Bourée

Joseph Bodin de Boismortier
1689 – 1755

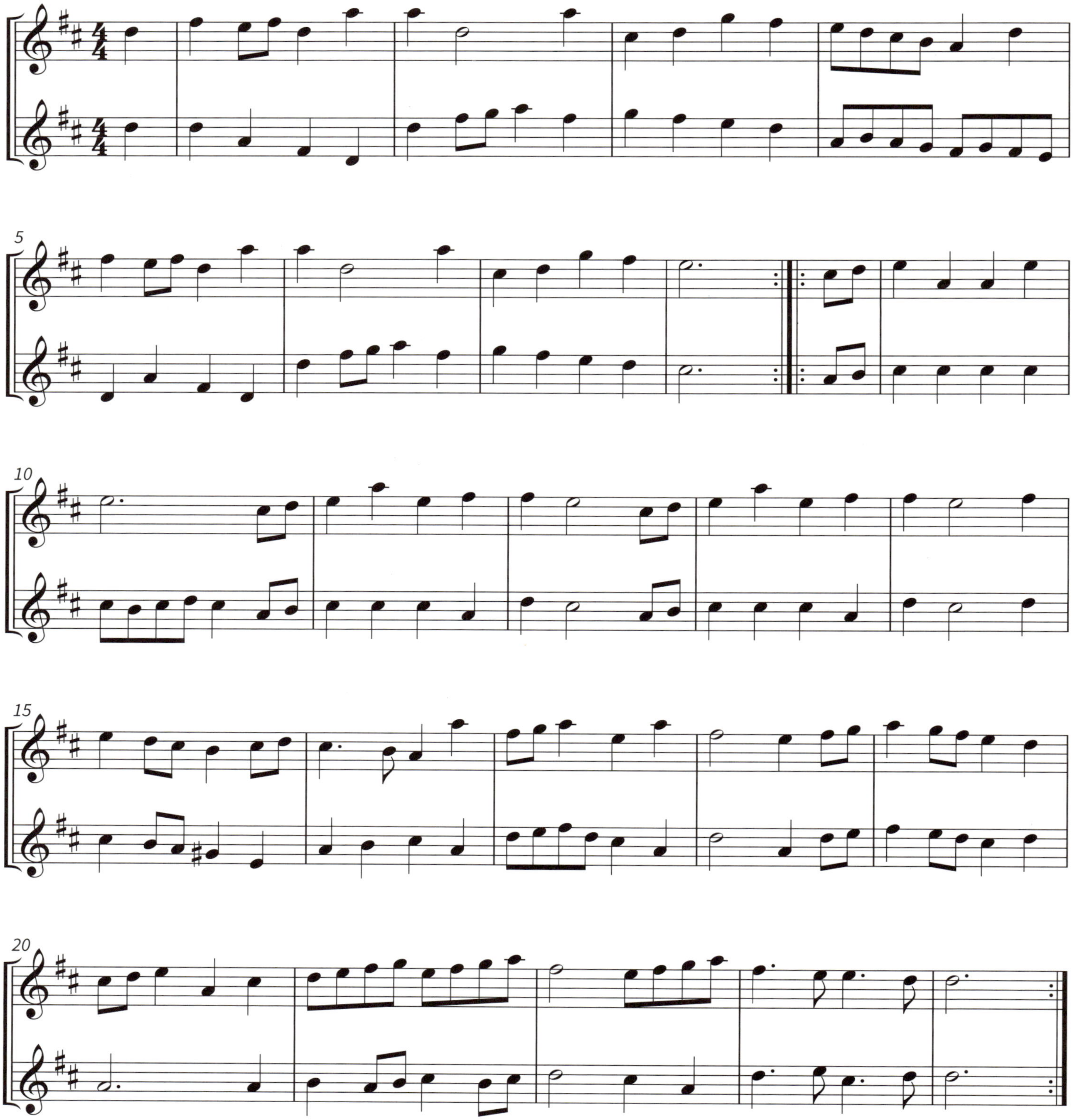

Trage die Atemzeichen ein. Bei auftaktigen Stücken wird meist auch auftaktig geatmet.

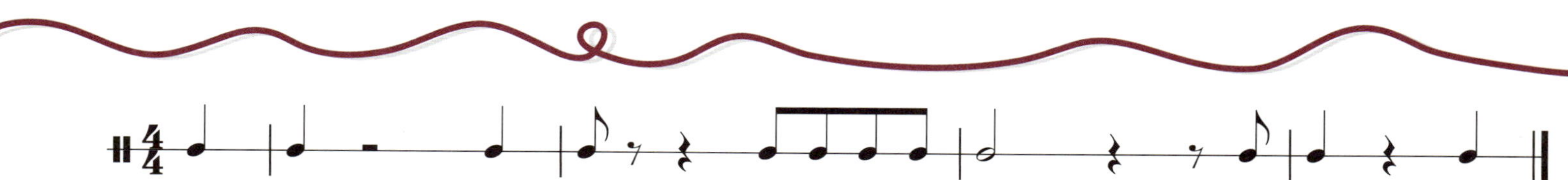

54 I Have A Dream – ABBA

Björn Ulvaeus *1945
Benny Andersson *1946
Bearb.: G.H.

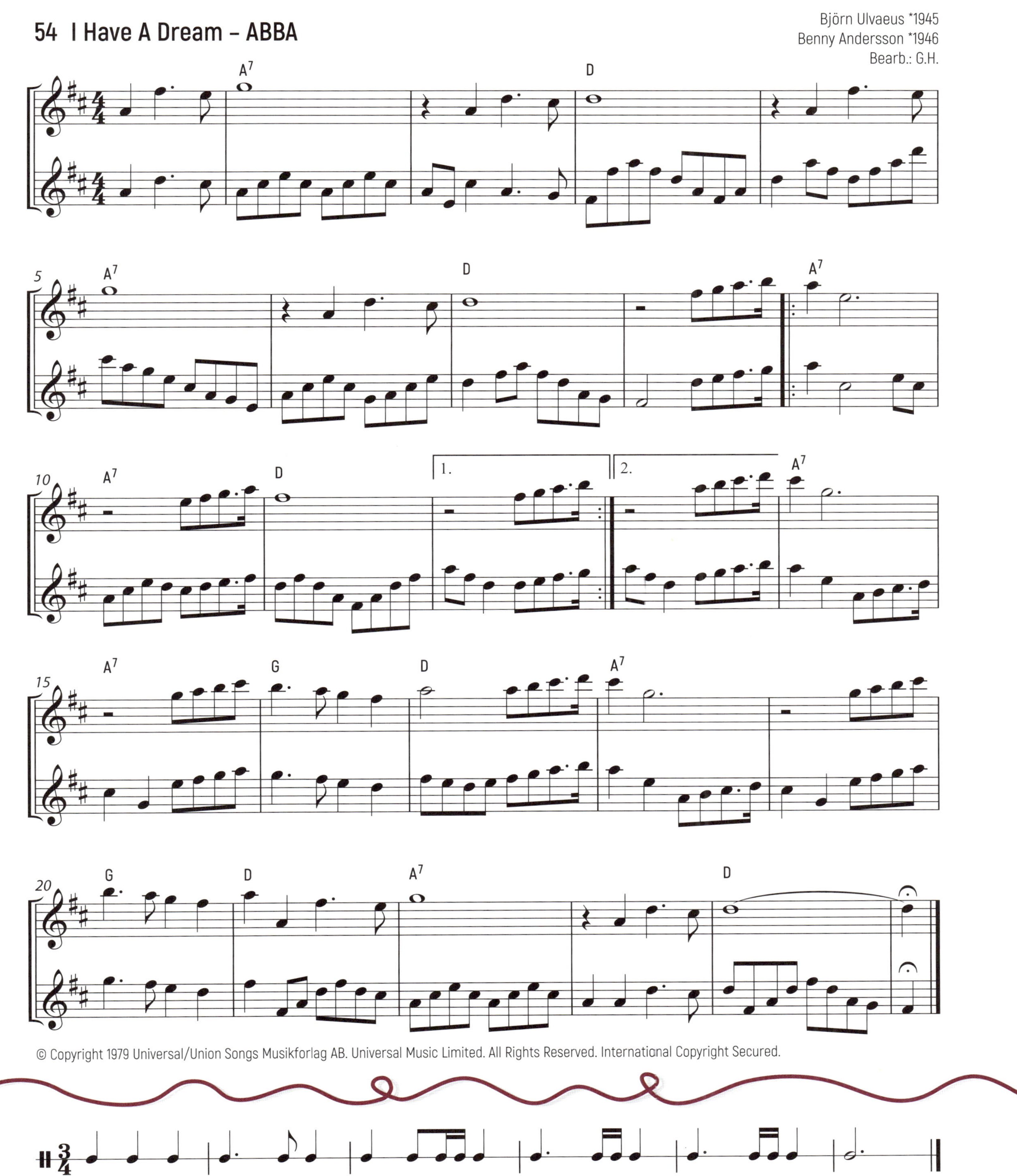

55 Menuett

aus dem „Notenbüchlein für Anna Magdalena Bach“

Johann Sebastian Bach
1685–1750
Bearb.: G. H.

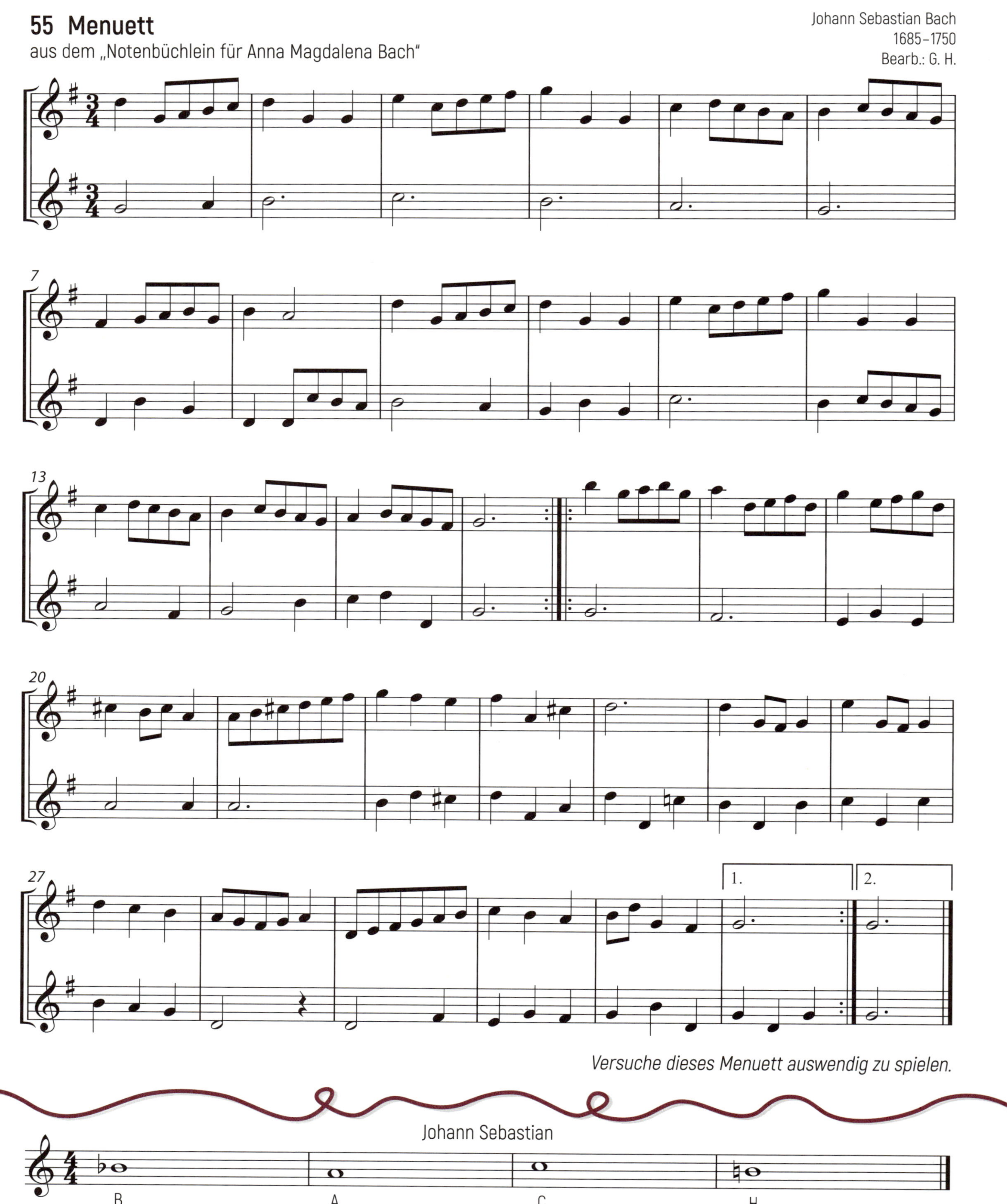

Versuche dieses Menuett auswendig zu spielen.

Der Griff gis/as

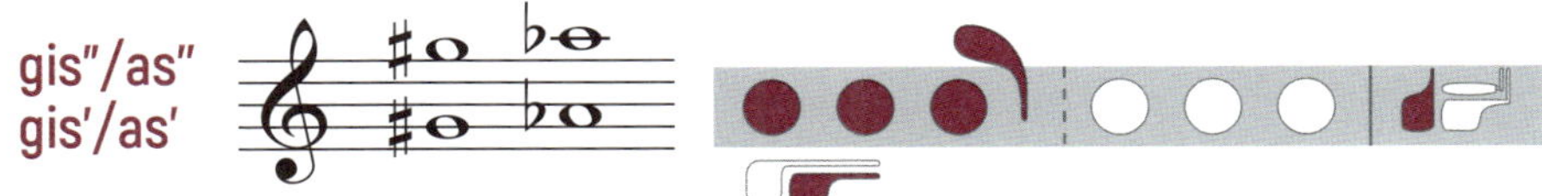

56 a-Moll – Tonleiter (harmonisch)

Der Aufbau der Tonleitern ist auf Seite 71 erklärt.

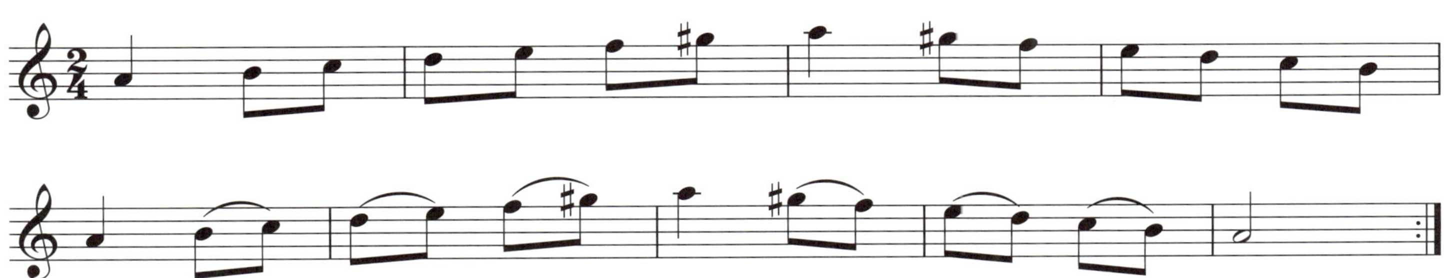

57 Schöne Minka

aus Russland
Bearb.: G. H.

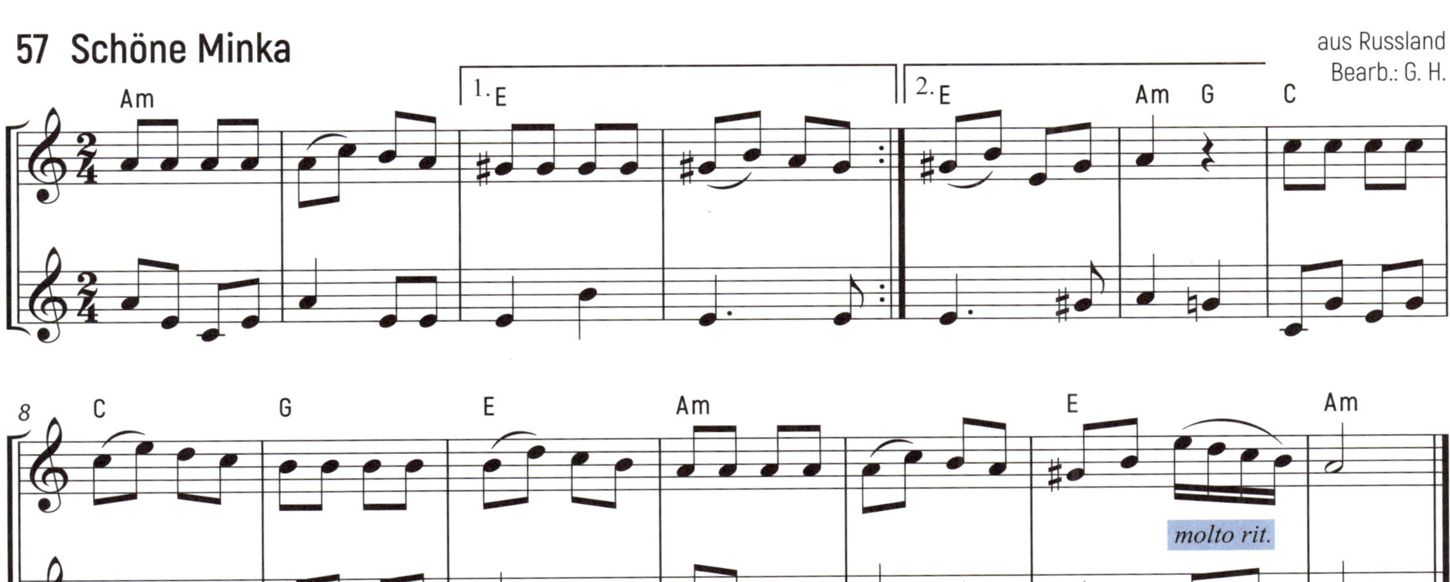

sehr verlangsamen

58 c-Moll – Tonleiter (harmonisch)

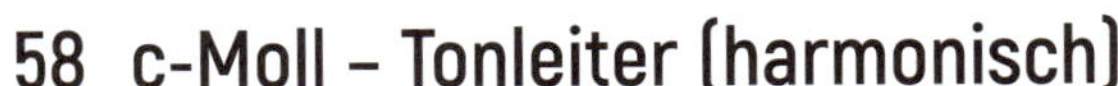

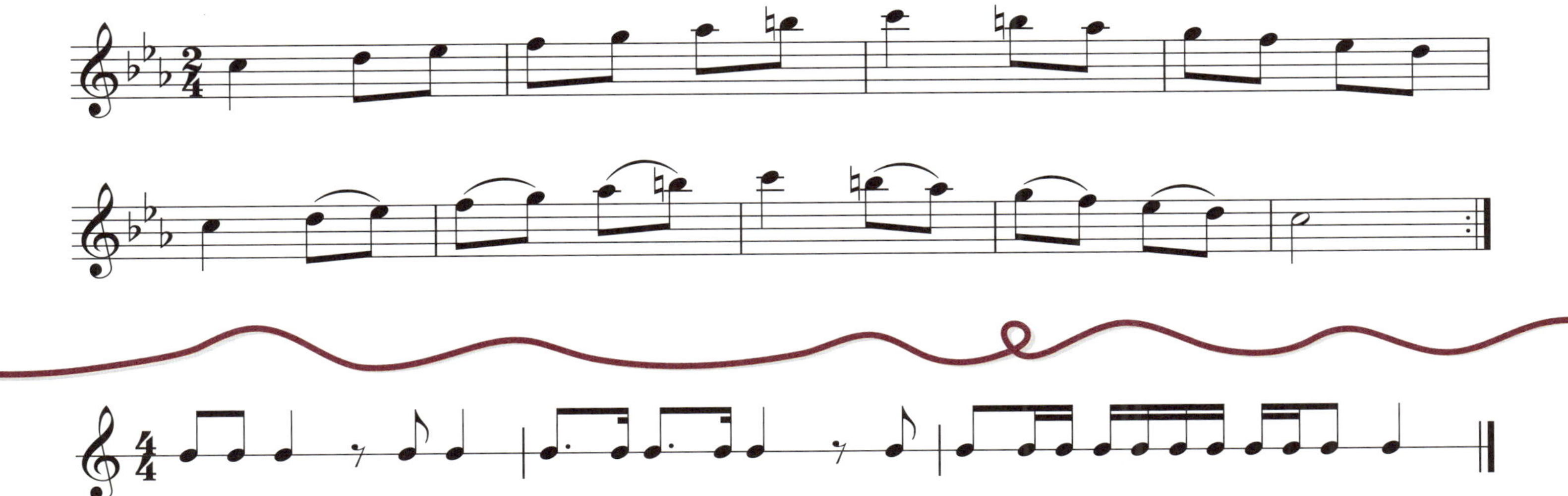

59 Tanzlied

aus Spanien/Mexiko
Bearb.: G. H.

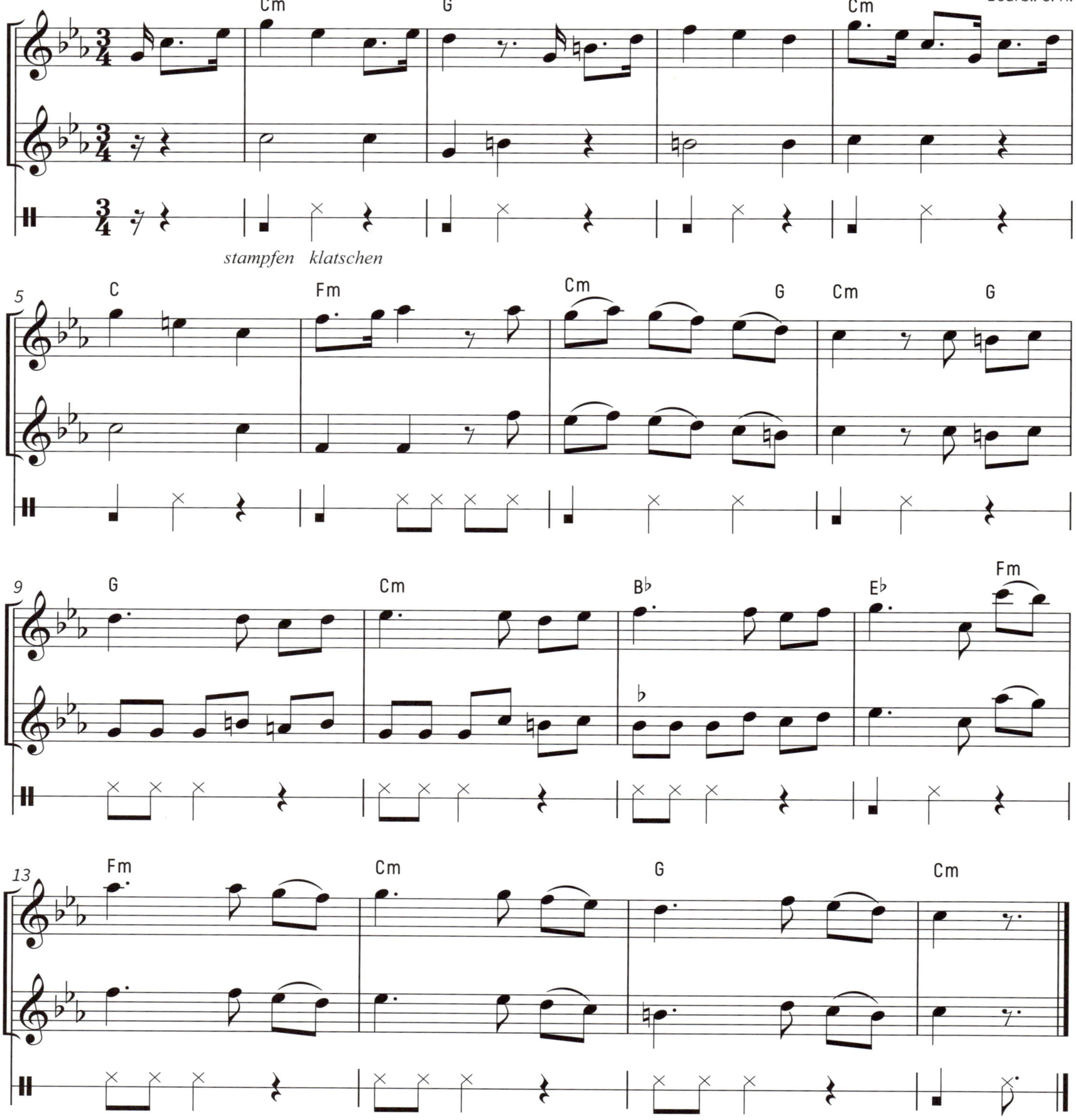

Cm G Cm

stampfen klatschen

5 C Fm Cm G Cm G

9 G Cm B♭ E♭ Fm

13 Fm Cm G Cm

Findest du jemanden, der den Rhythmus dazu stampft und klatscht?

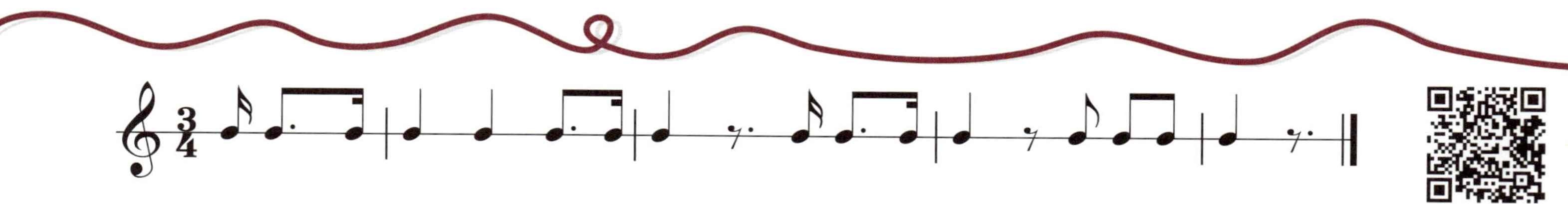

Der Griff b/ais – zwei Alternativen

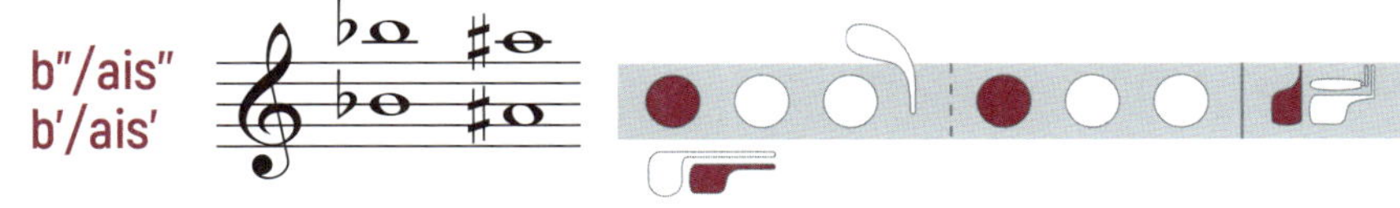

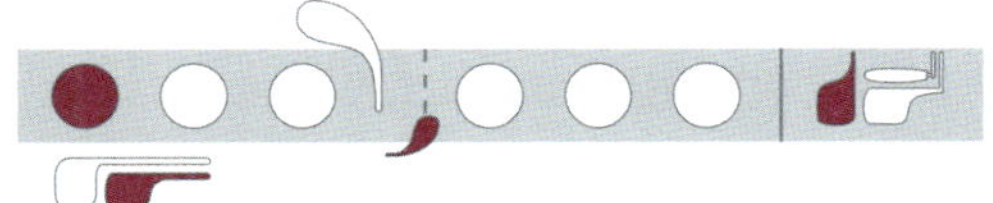

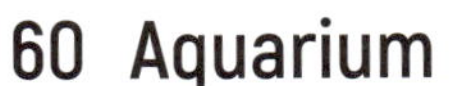

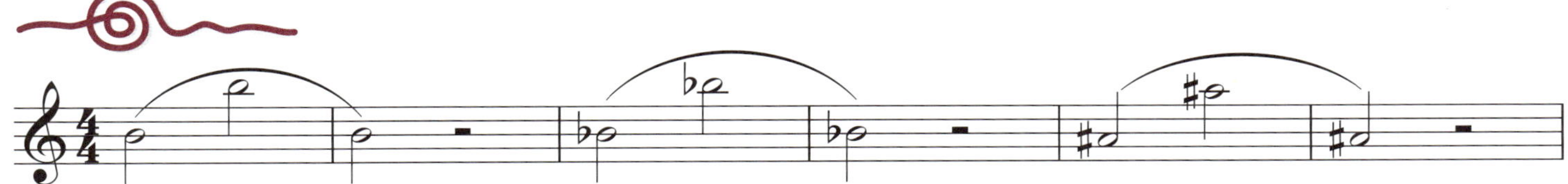

Probiere beide Griffvarianten aus.

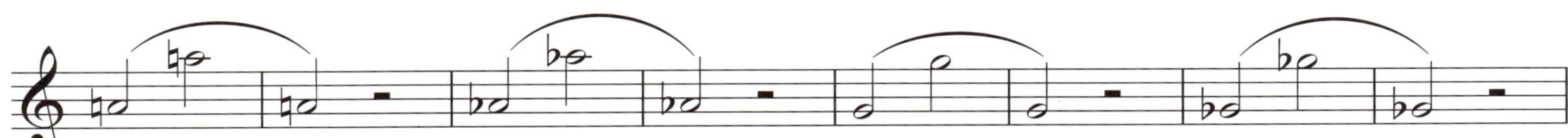

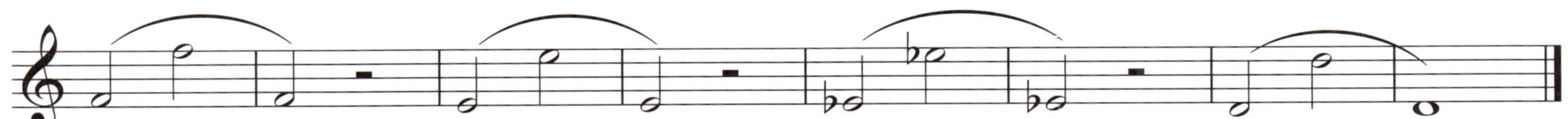

60 Aquarium

aus „Karneval der Tiere"

Camille Saint-Saëns
1835–1921
Bearb.: G. H.

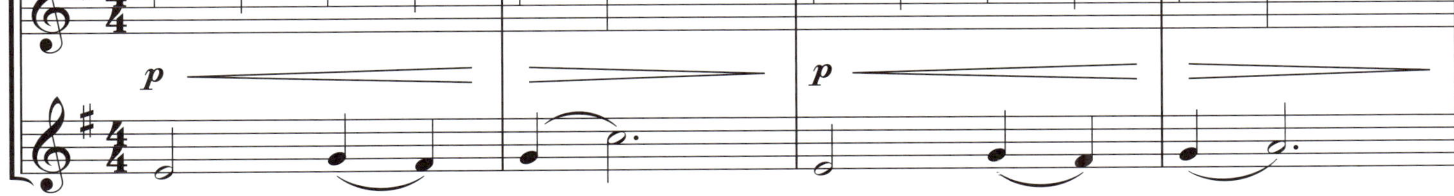

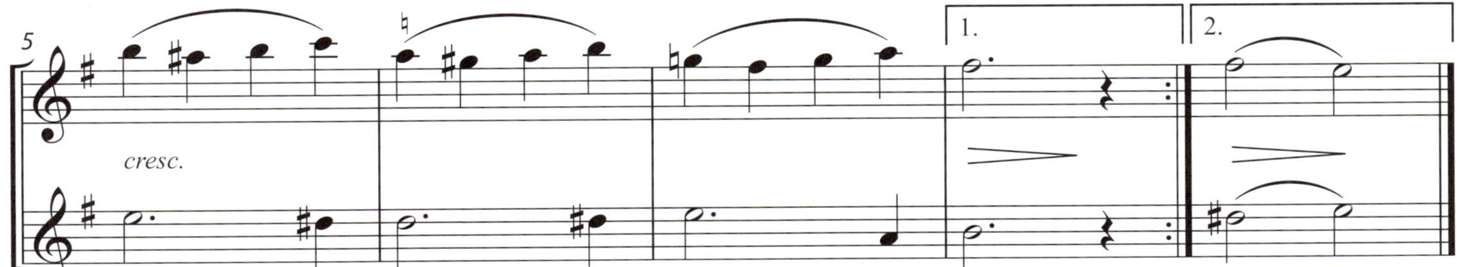

Verwende beide b-/ais-Griffe.

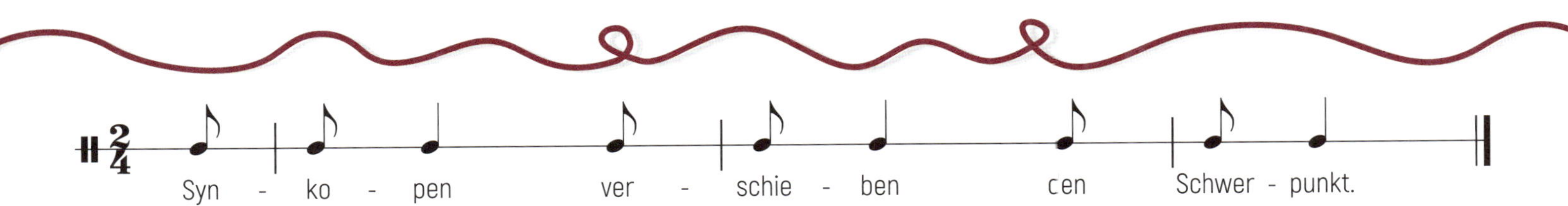

61 Der kleine Schelm

Cornelius Gurlitt
1820–1901
Bearb.: G. H.

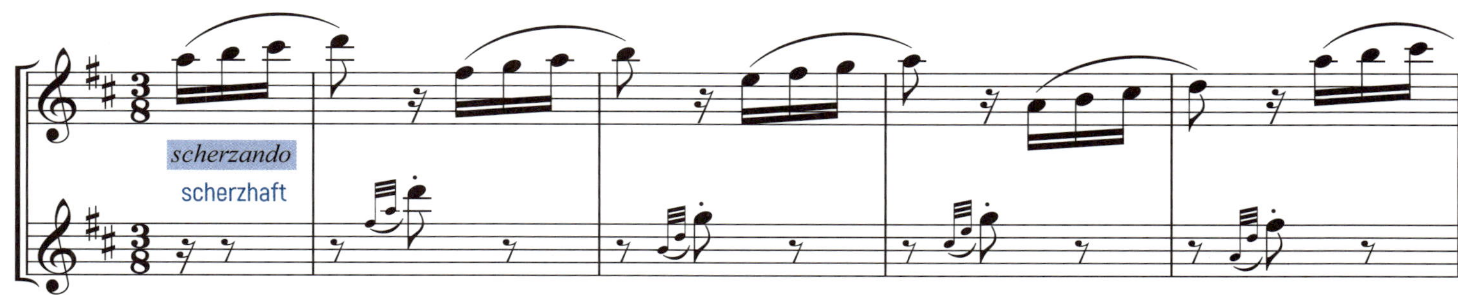

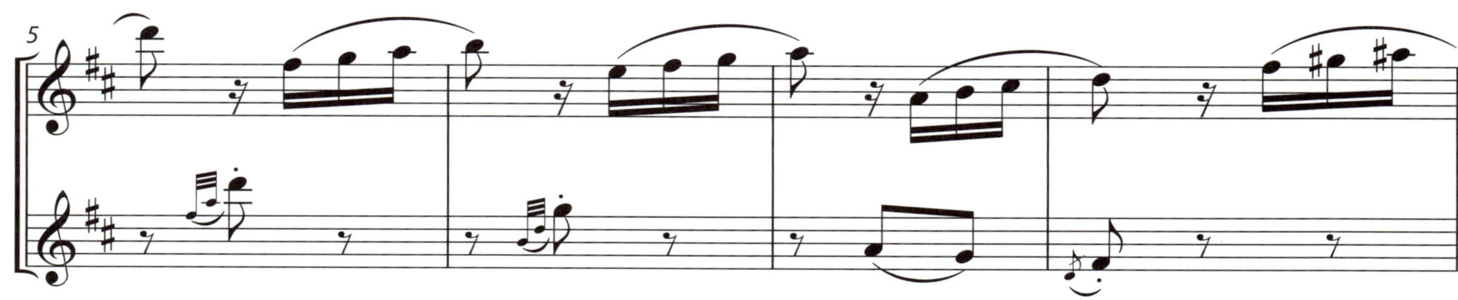

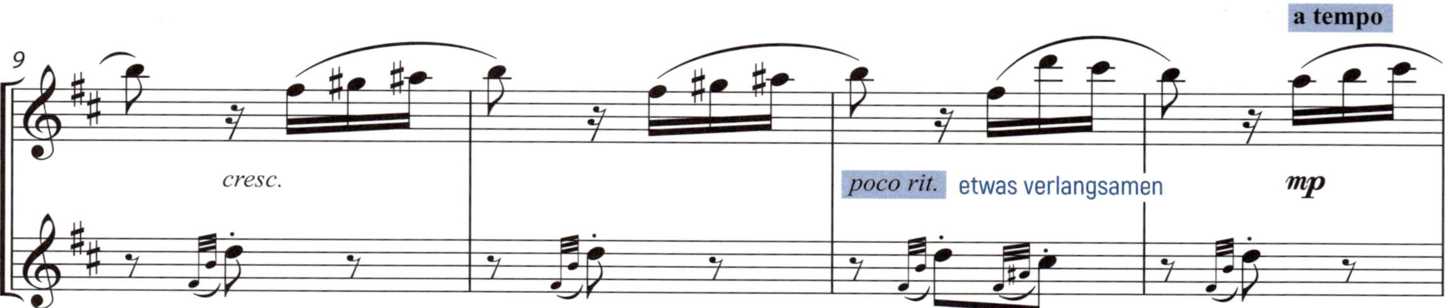

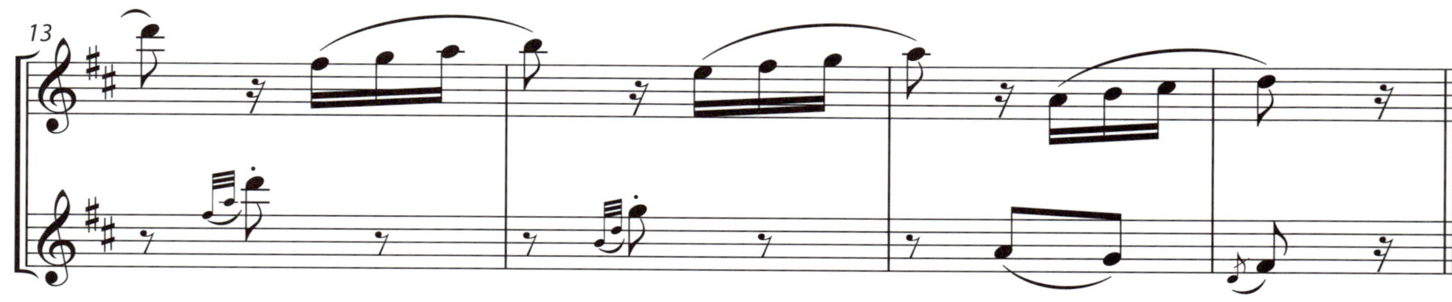

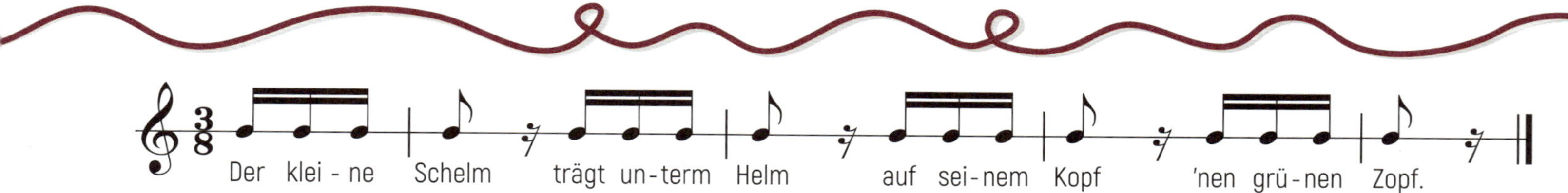

62 Warm-up

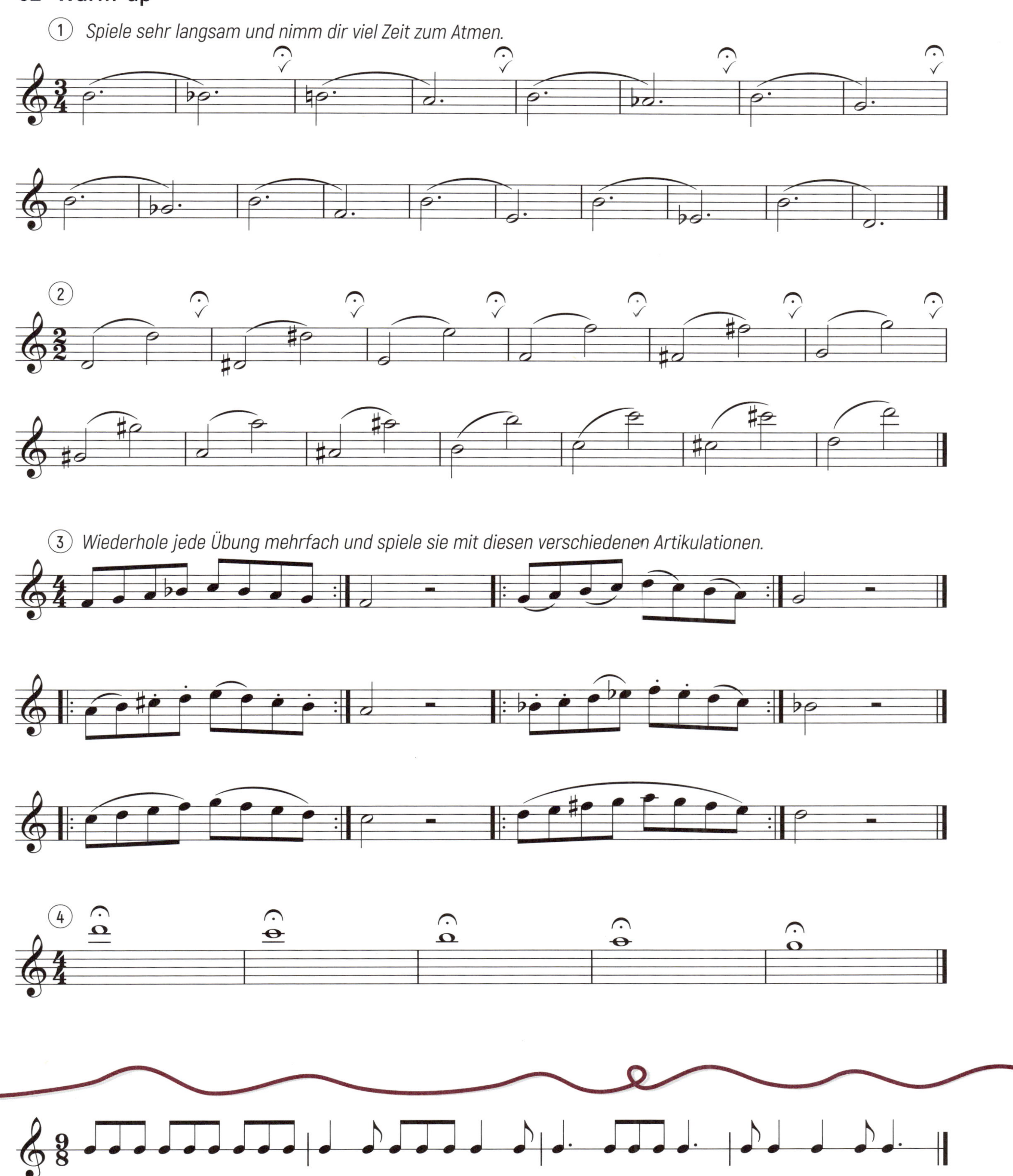
1 Spiele sehr langsam und nimm dir viel Zeit zum Atmen.
2
3 Wiederhole jede Übung mehrfach und spiele sie mit diesen verschiedenen Artikulationen.
4

63 D-Dur – Tonleiter in Triolen

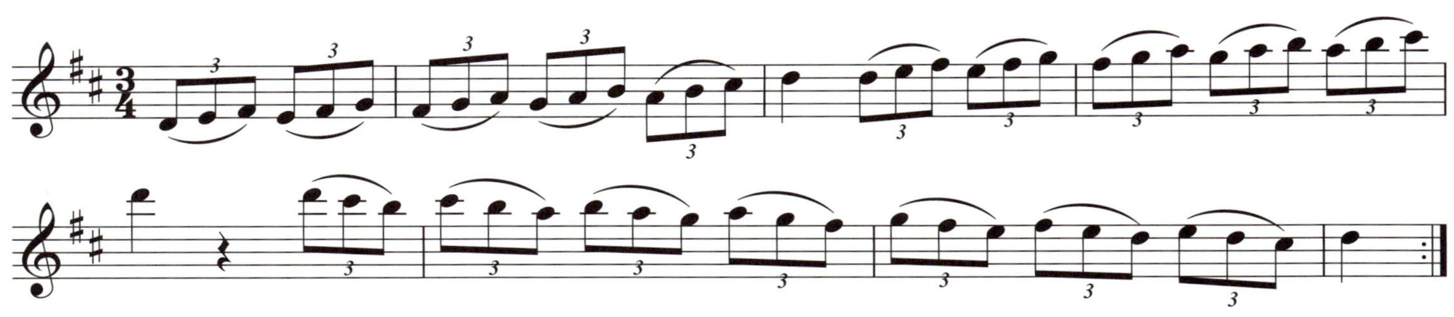

64 Gavotte

Joseph Bodin de Boismortier
1689–1755

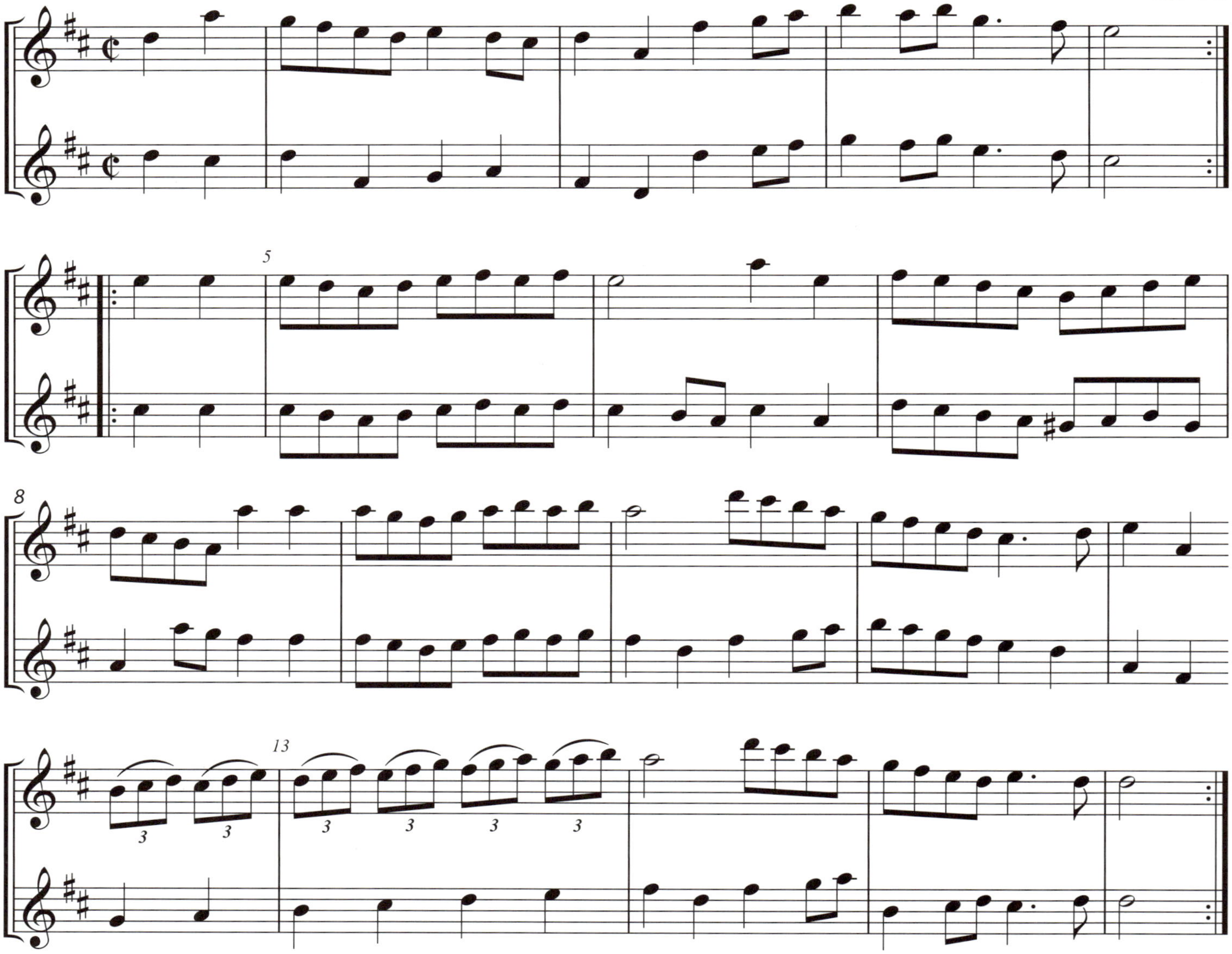

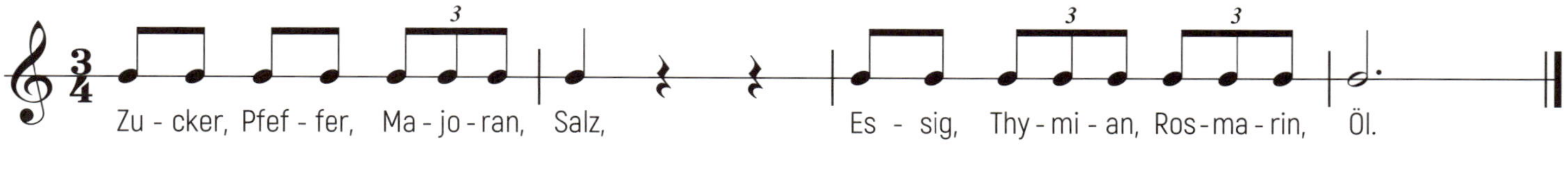

Zu - cker, Pfef - fer, Ma - jo - ran, Salz, Es - sig, Thy - mi - an, Ros - ma - rin, Öl.

65 Andantino

Wilhelm Popp
1828 – 1903

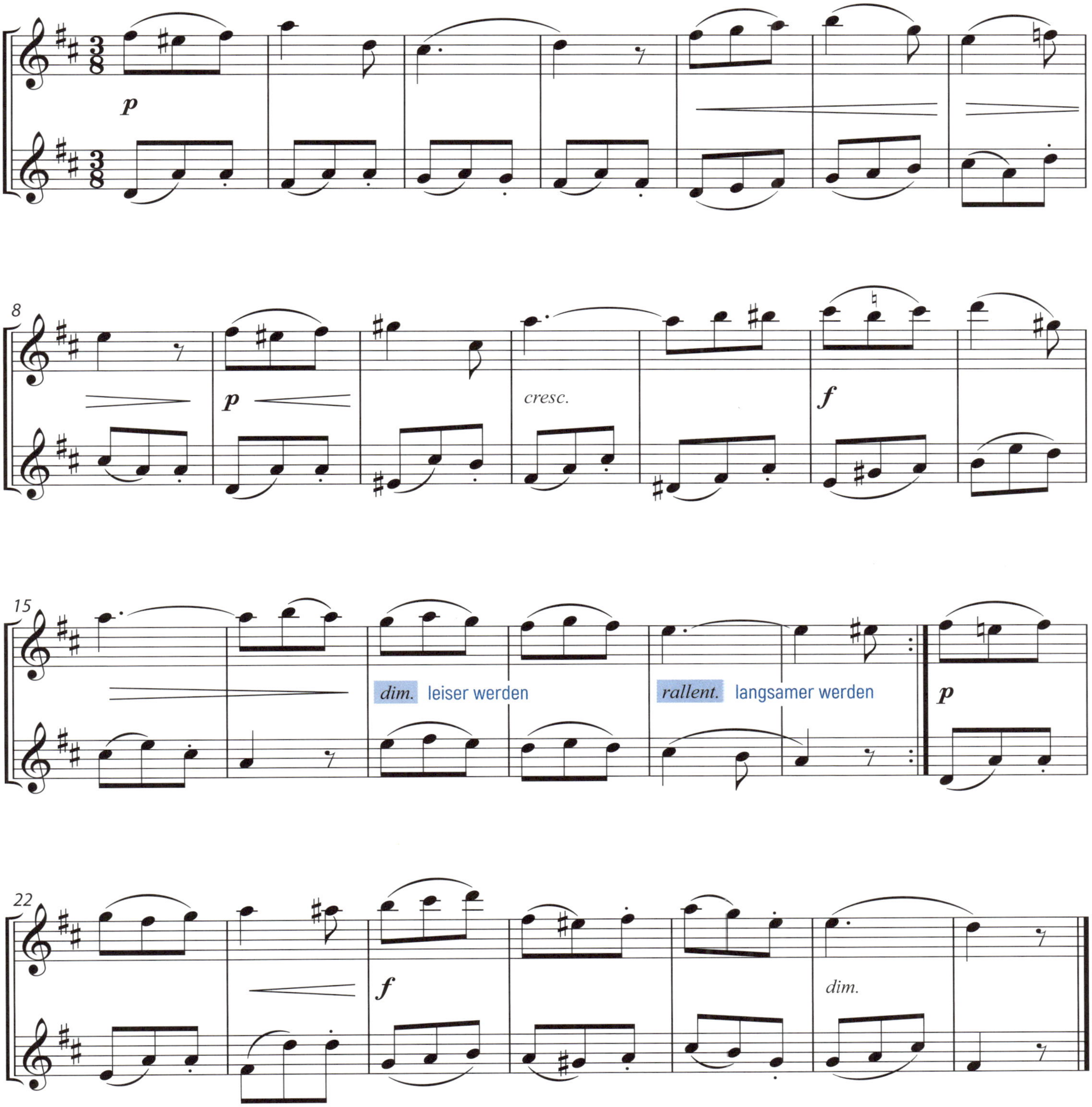

p

p *cresc.* *f*

dim. leiser werden *rallent.* langsamer werden *p*

f *dim.*

Wo würdest du atmen? Versuche ausdrucksvolle Phrasen zu blasen.

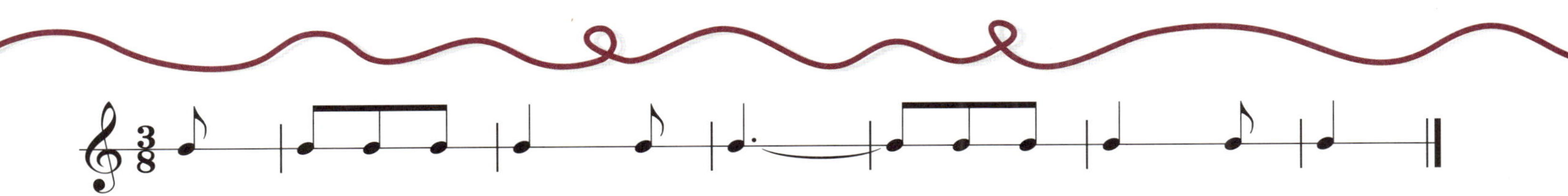

66 Vois sur ton chemin

aus dem Film „Die Kinder des Monsieur Mathieu"

Musik: Bruno Coulais *1954
Text: Christophe Barratier *1963
Bearb.: G. H.

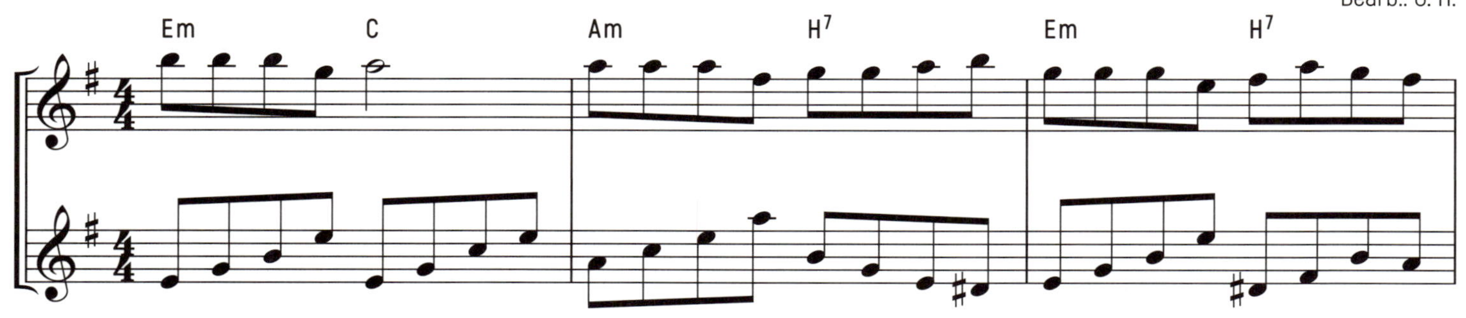

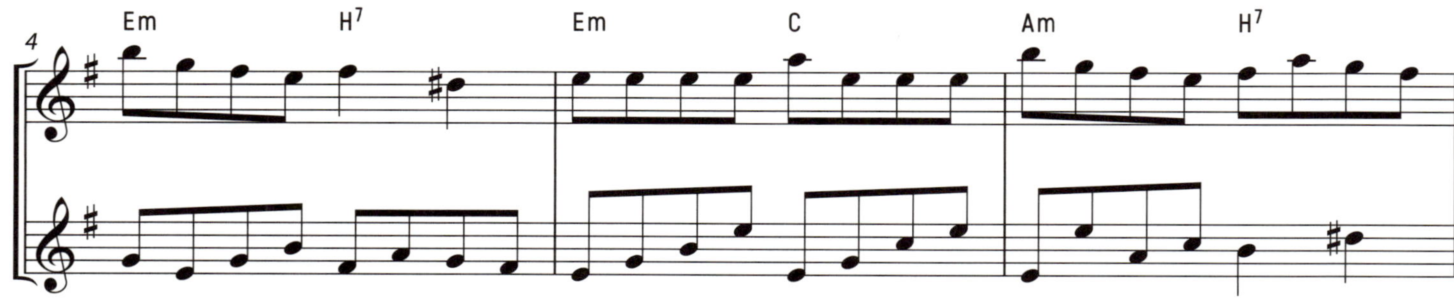

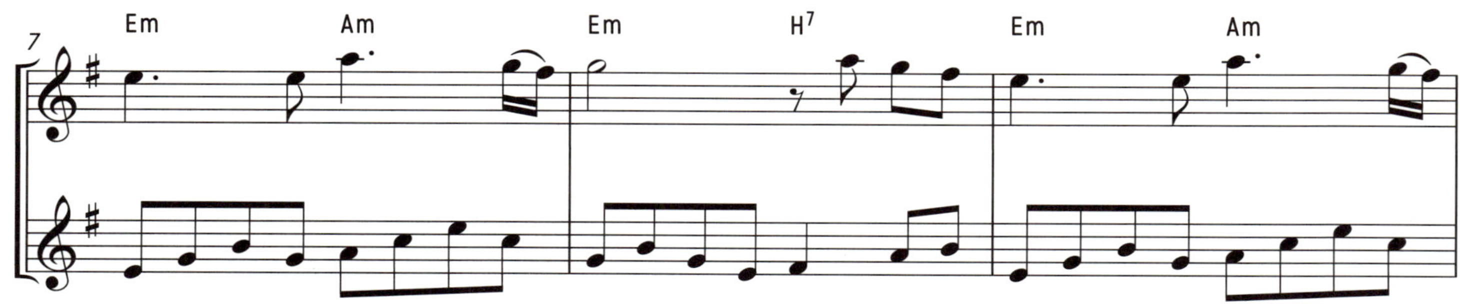

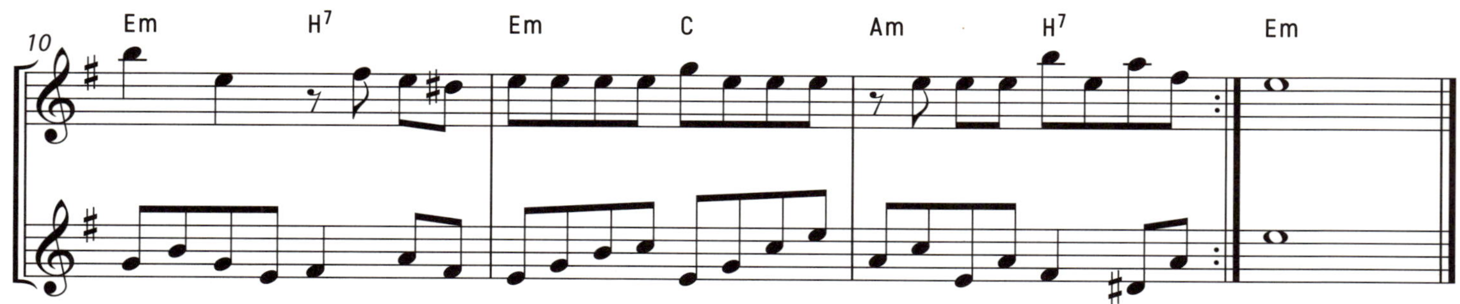

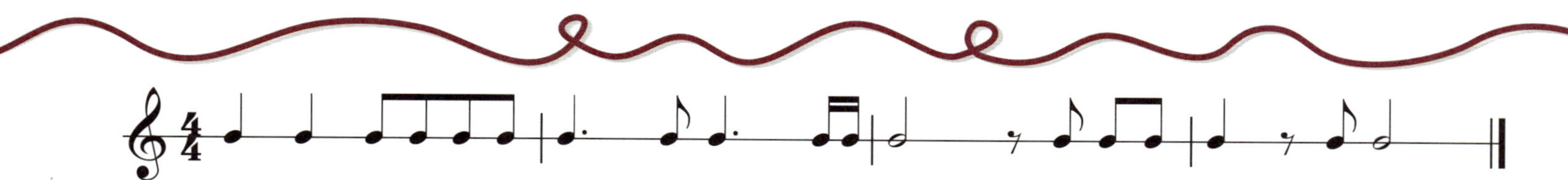

67 Improvisation – Mit neuen Klägen

G. B.

Die Bausteine können beliebig oft wiederholt und kombiniert werden.
Welche Bilder oder Themen für eine Improvisation entstehen in deinem Kopf?

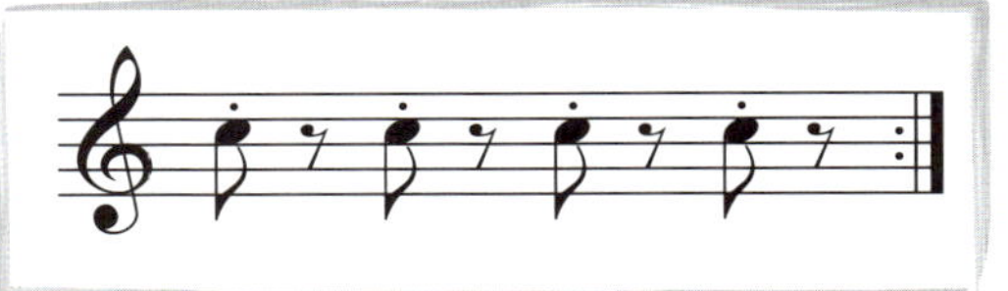

P S C H
Über das Mundloch blasen.

P Z K Z

Akzentuiert (mit Zwerchfellstoß) über das Mundloch sprechen.

Klappengeräusch

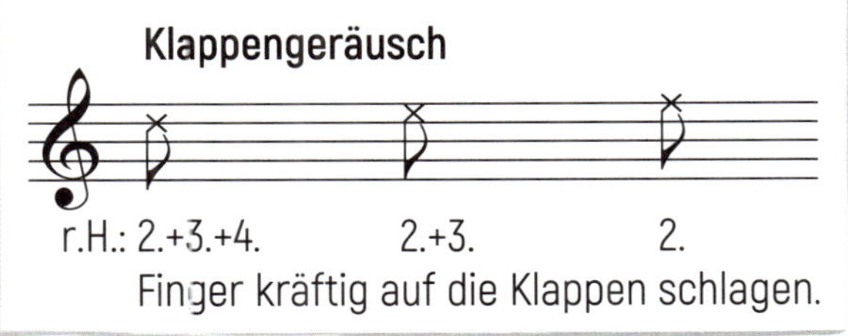

Finger kräftig auf die Klappen schlagen.

Glissando
(nur mit Ringklappenflöte möglich)

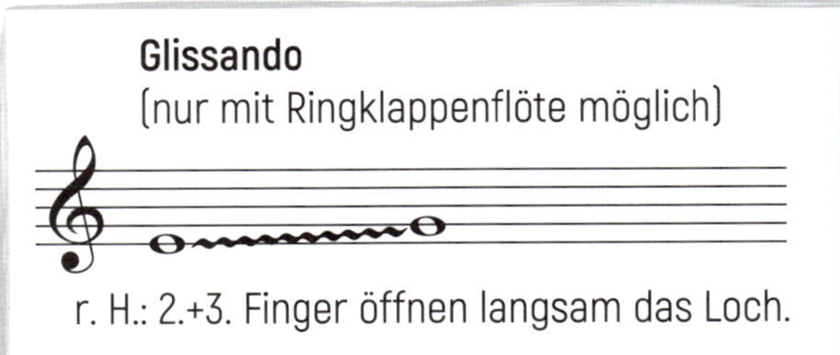

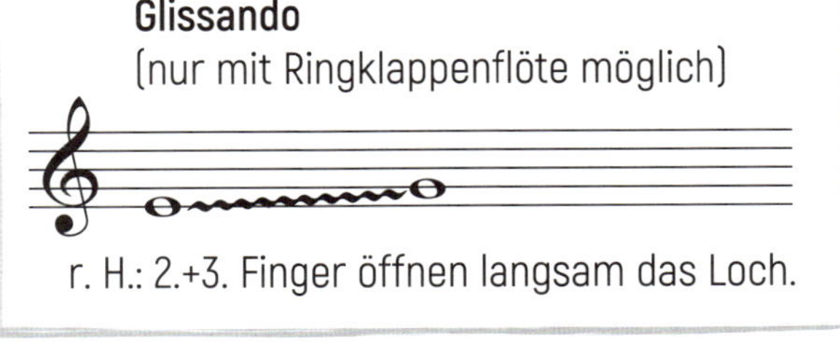

r. H.: 2.+3. Finger öffnen langsam das Loch.

Klappengeräusche ohne Ton

Alle Finger bewegen sich schnell auf und ab.

Klappengeräusche mit Ton

Sehr kräftig blasen und die Finger schnell auf und ab bewegen.

Heulton

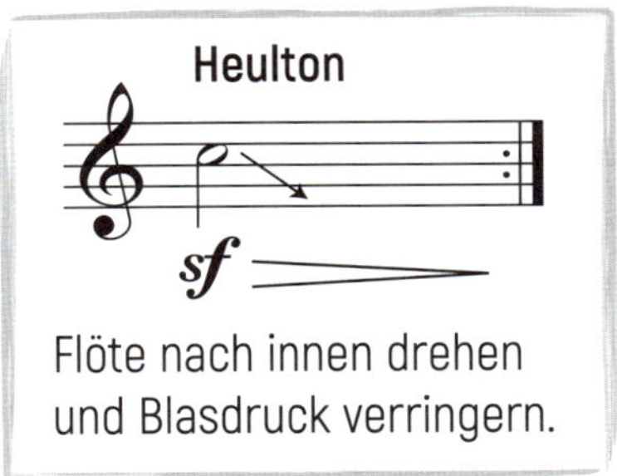

Flöte nach innen drehen und Blasdruck verringern.

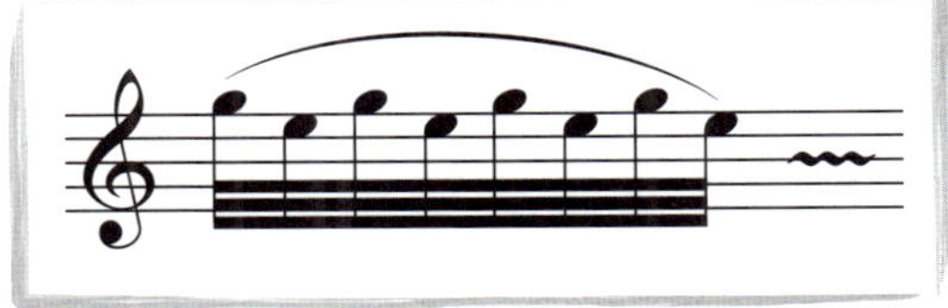

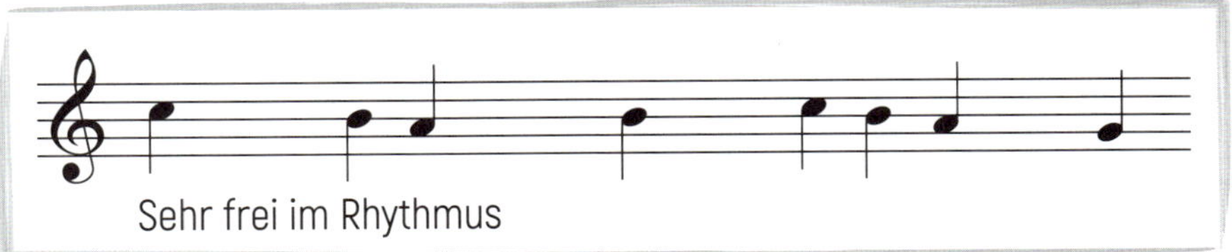

Sehr frei im Rhythmus

Stampfen

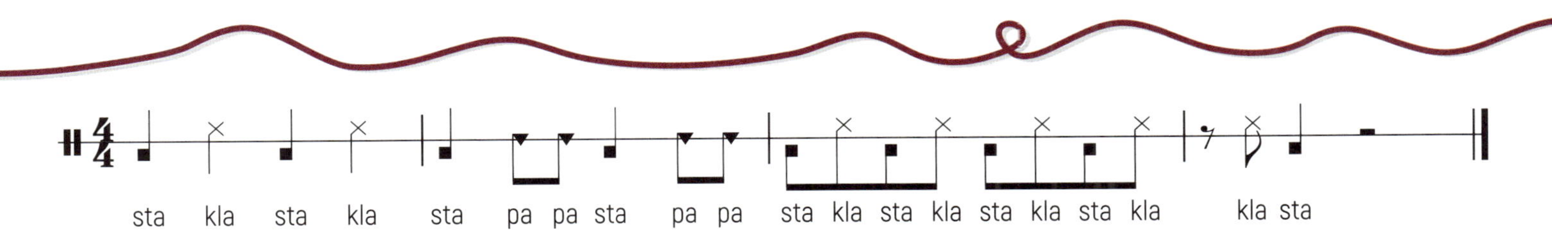

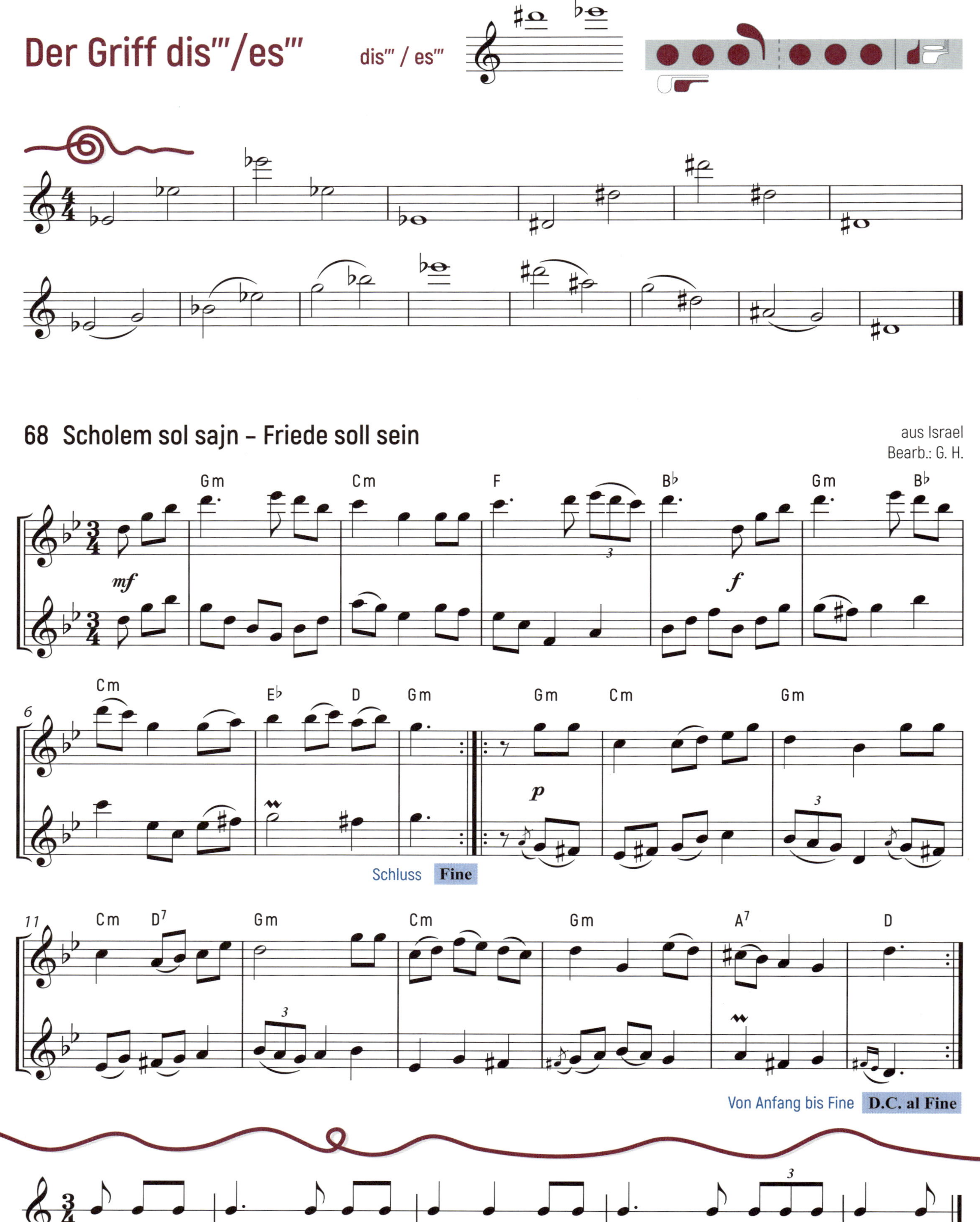
Der Griff dis'''/es'''
dis''' / es'''
68 Scholem sol sajn – Friede soll sein
aus Israel
Bearb.: G. H.
Gm Cm F Bb Gm Bb
mf
f
6
Cm Eb D Gm Gm Cm Gm
p
Schluss Fine
11
Cm D7 Gm Cm Gm A7 D
Von Anfang bis Fine D.C. al Fine

69 (Wort-) Spielerei zur Erheiterung bei Regenwetter

G. H.
Text: E. Bormann 1851-1912

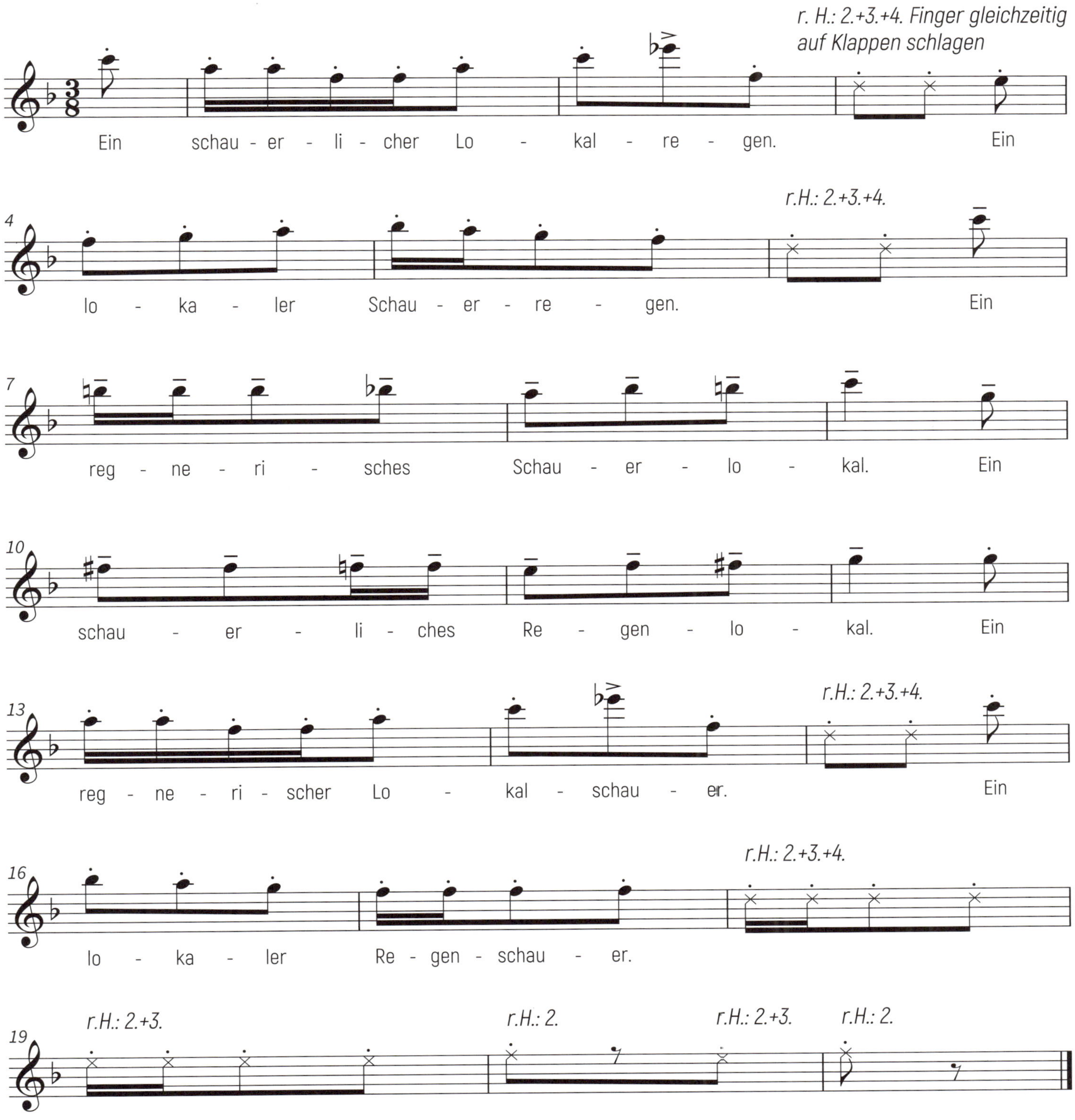

r. H.: 2.+3.+4. Finger gleichzeitig auf Klappen schlagen

Ein schau - er - li - cher Lo - kal - re - gen. Ein

4 lo - ka - ler Schau - er - re - gen. *r.H.: 2.+3.+4.* Ein

7 reg - ne - ri - sches Schau - er - lo - kal. Ein

10 schau - er - li - ches Re - gen - lo - kal. Ein

13 reg - ne - ri - scher Lo - kal - schau - er. *r.H.: 2.+3.+4.* Ein

16 lo - ka - ler Re - gen - schau - er. *r.H.: 2.+3.+4.*

19 *r.H.: 2.+3.* *r.H.: 2.* *r.H.: 2.+3.* *r.H.: 2.*

Hast du deinen Schirm griffbereit?

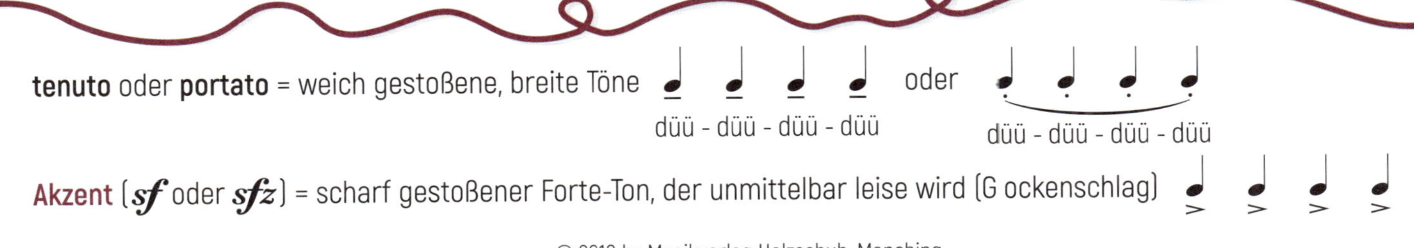

70 Solvejgs Lied

aus der „Peer-Gynt-Suite"

Edvard Grieg
1843–1907
Bearb.: G. H.

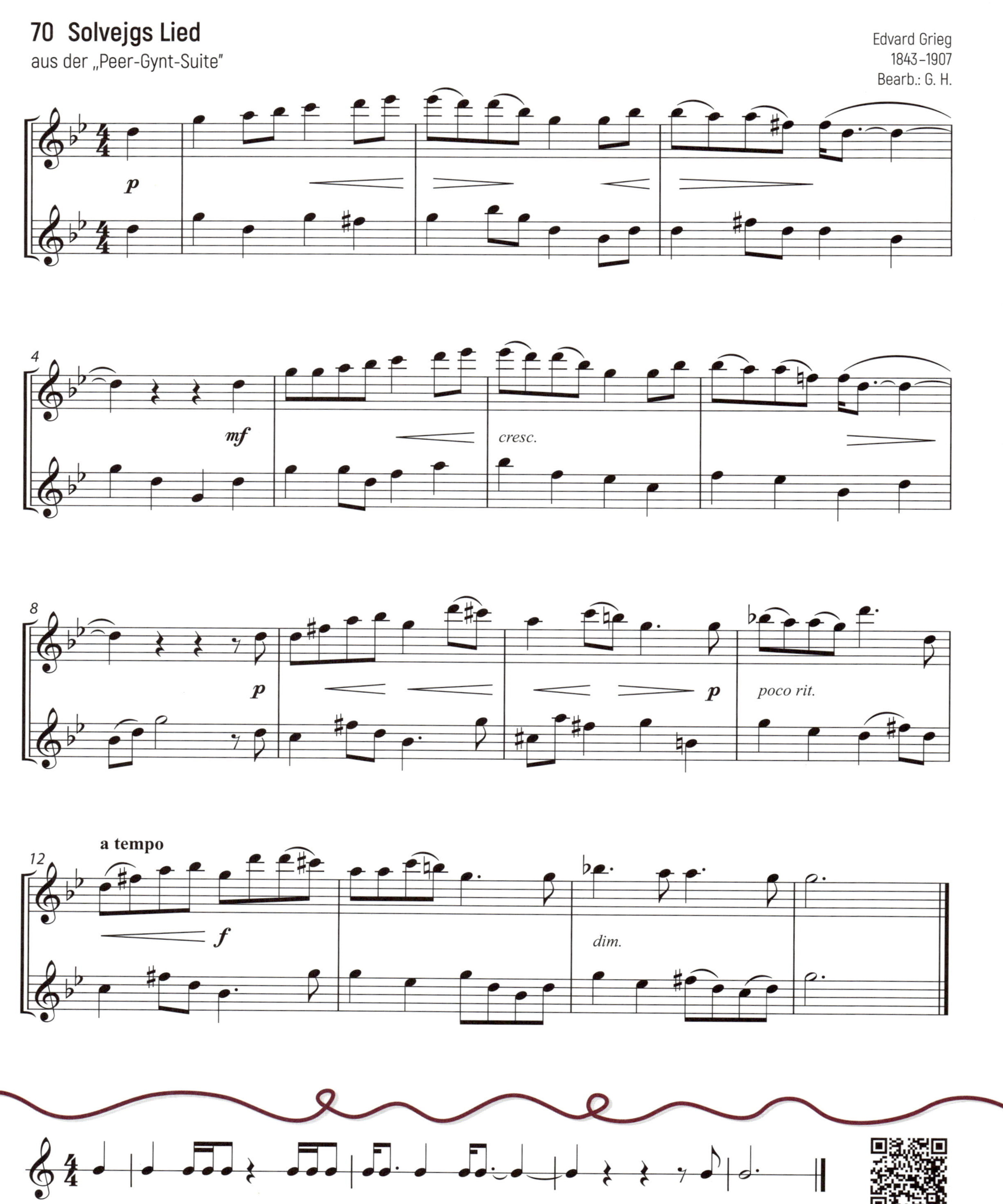

71 Es-Dur – Verschiedene Artikulationsarten

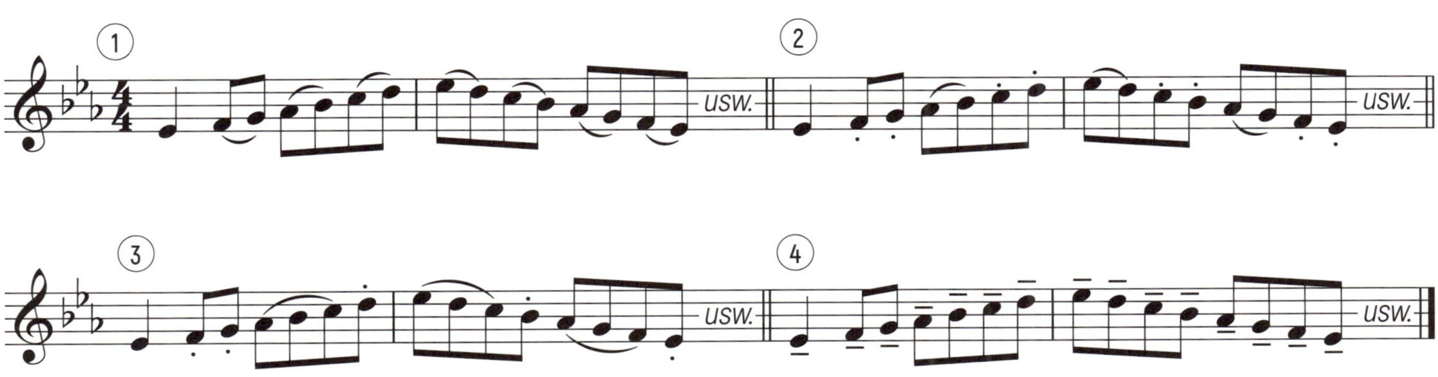

72 Es-Dur – Tonleiter

Spiele die Tonleiter mit den oben angegebenen Artikulationsarten.

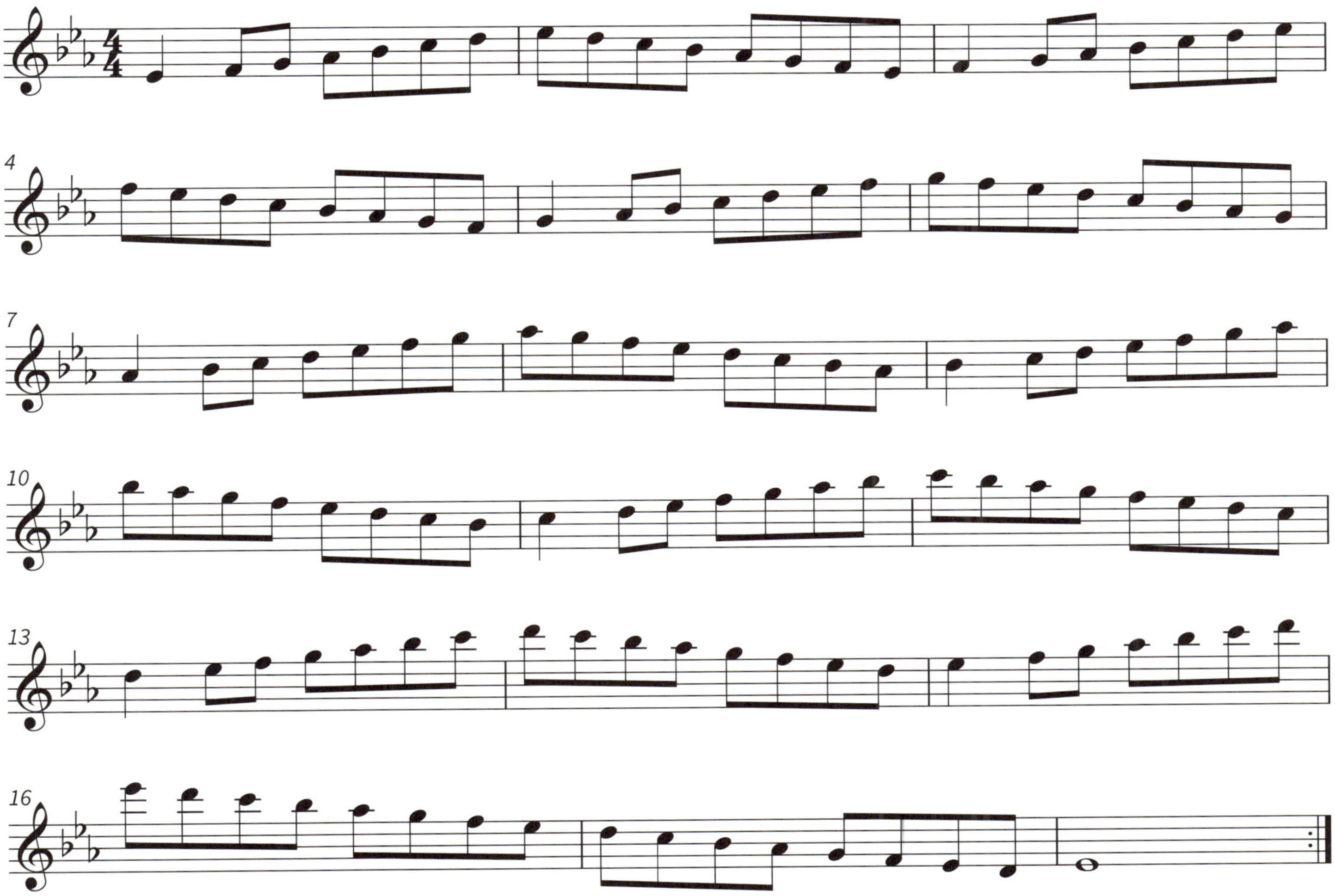

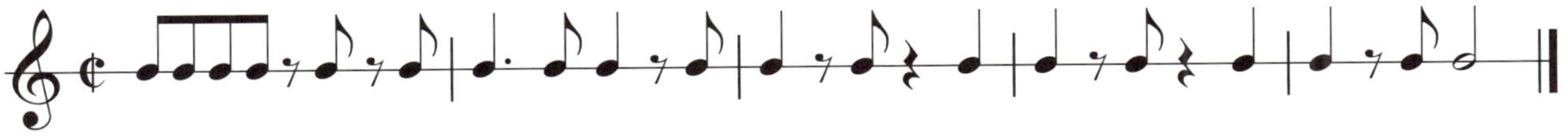

73 Der Winter

aus „Die vier Jahreszeiten"

Antonio Vivaldi
1678–1741
Bearb.: G. H.

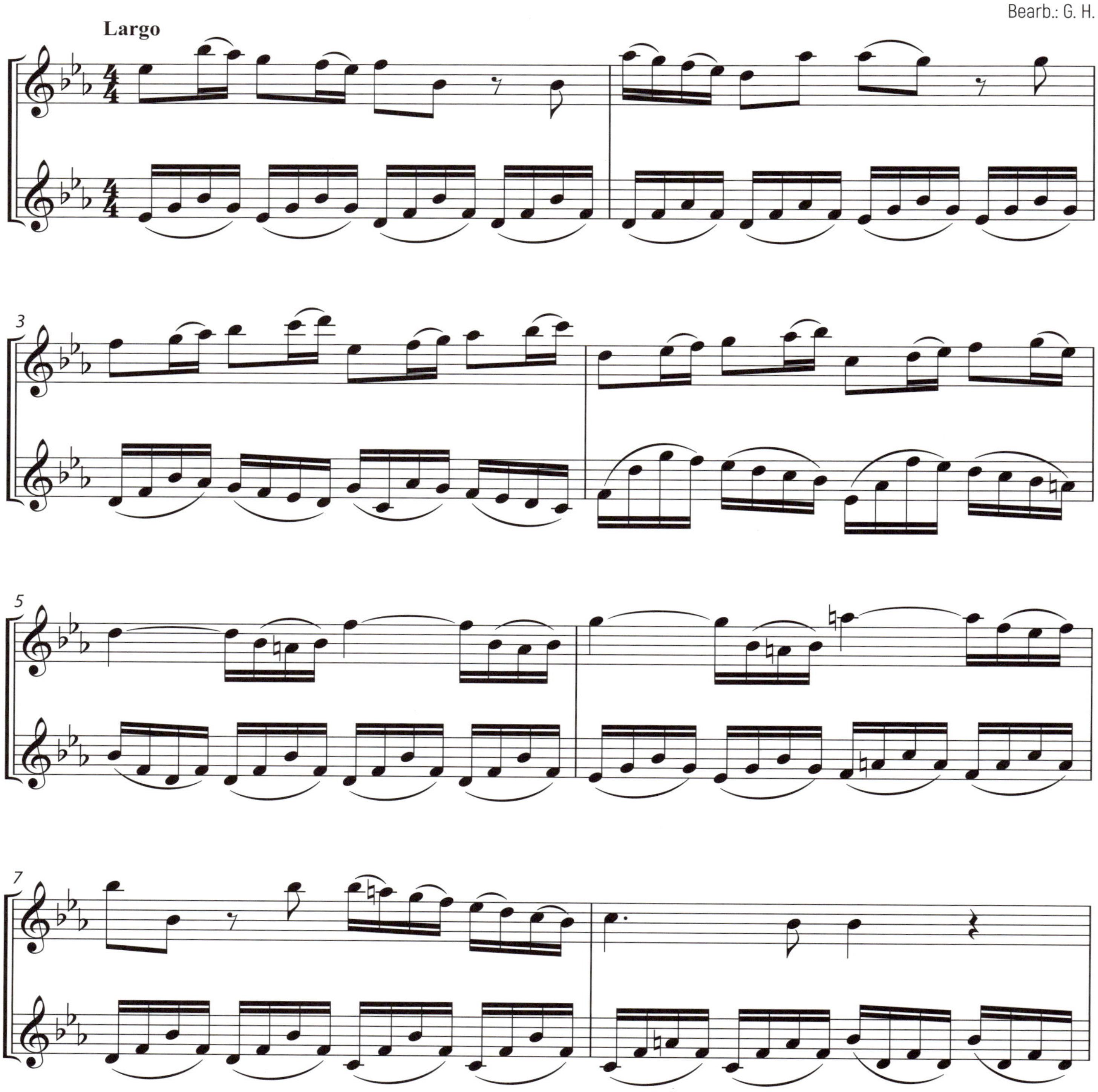

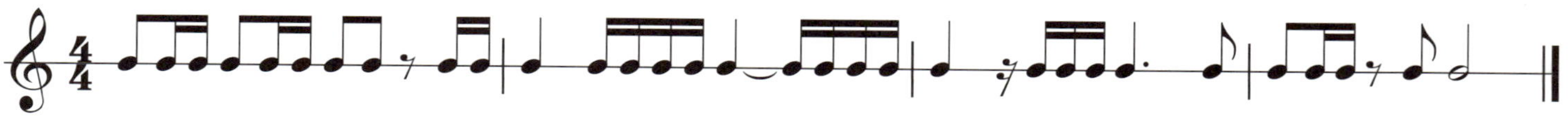

Largo

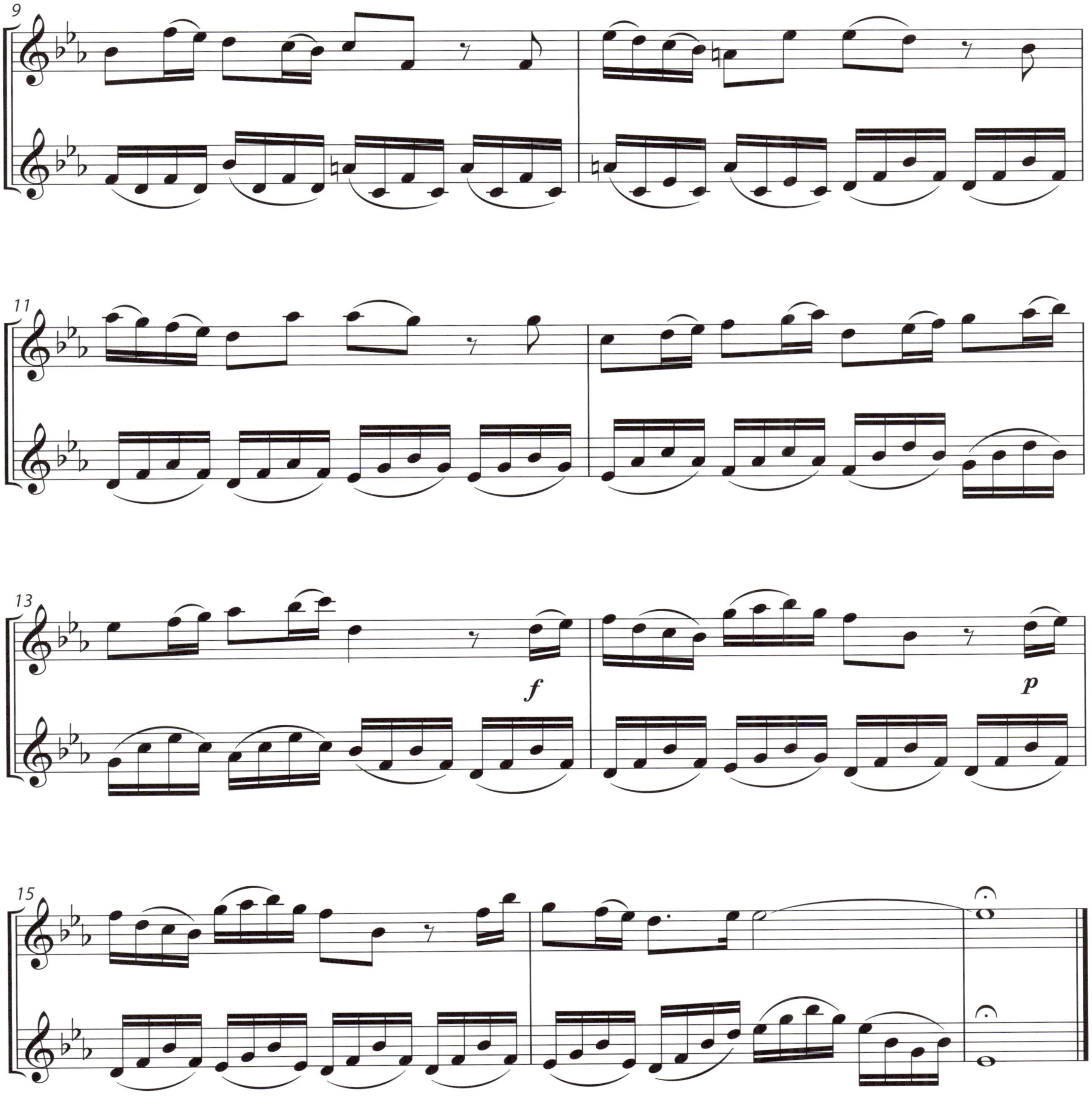

Es ist lohnend, alle „Vier Jahreszeiten" anzuhören.

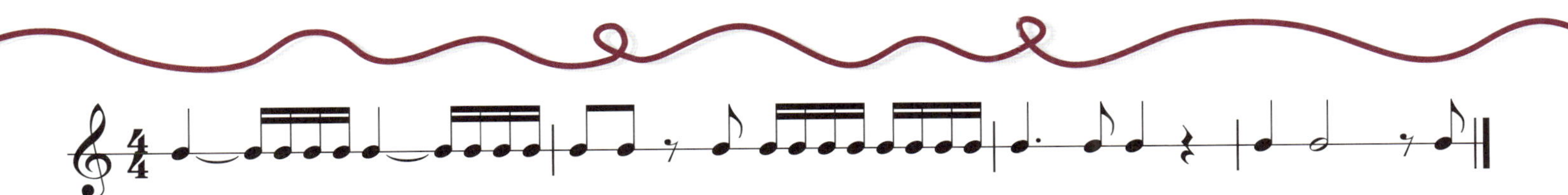

Der Griff e'''

e'''

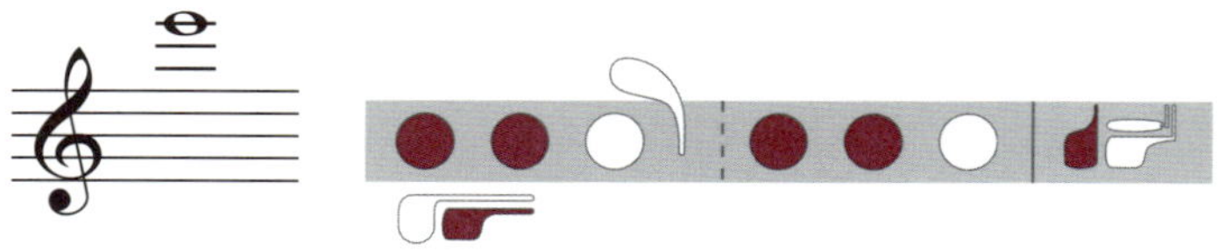

74 O du stille Zeit

Melodie: Cesar Bresgen 1913-1988
Text: Joseph von Eichendorff 1788–1857
Bearb.: G. H.

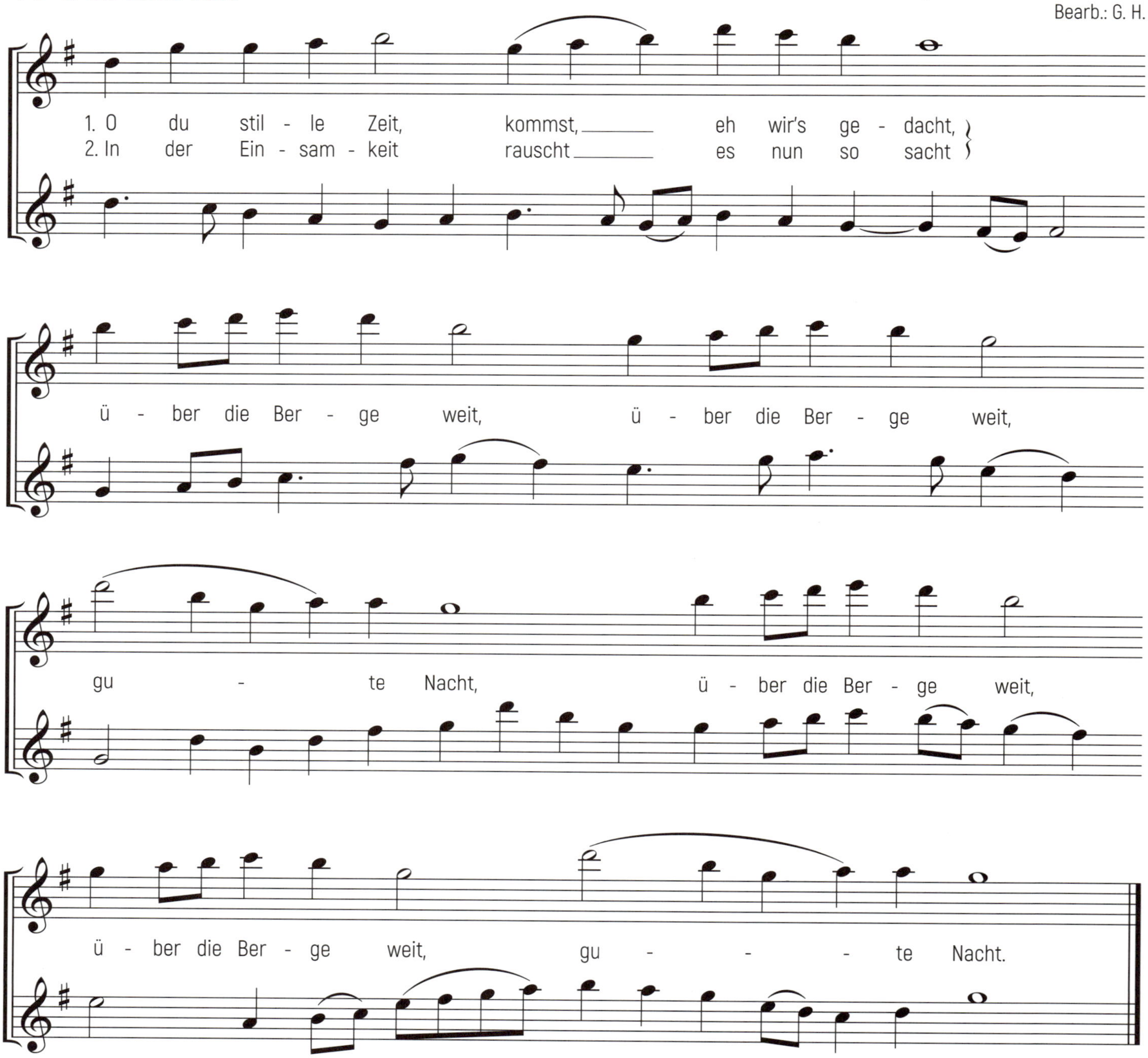

1. O du stil - le Zeit, kommst, eh wir's ge - dacht,
2. In der Ein - sam - keit rauscht es nun so sacht

ü - ber die Ber - ge weit, ü - ber die Ber - ge weit,

gu - te Nacht, ü - ber die Ber - ge weit,

ü - ber die Ber - ge weit, gu - - - te Nacht.

Wie du siehst, sind Taktstriche manchmal gar nicht nötig.

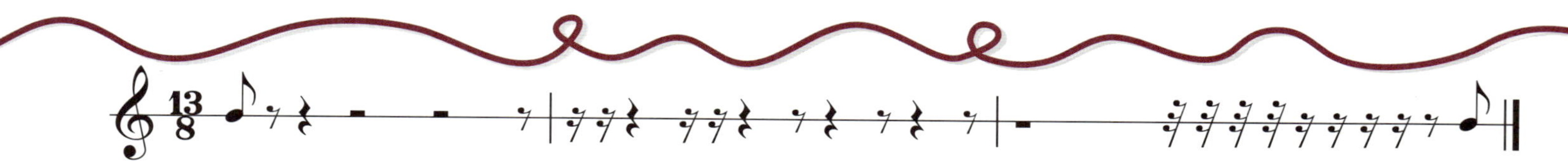

Hast du wirklich richtig gezählt?

75 Es regnet

Samuil Moissejewitsch Maikapar 1867–1938
Bearb.: G. H.

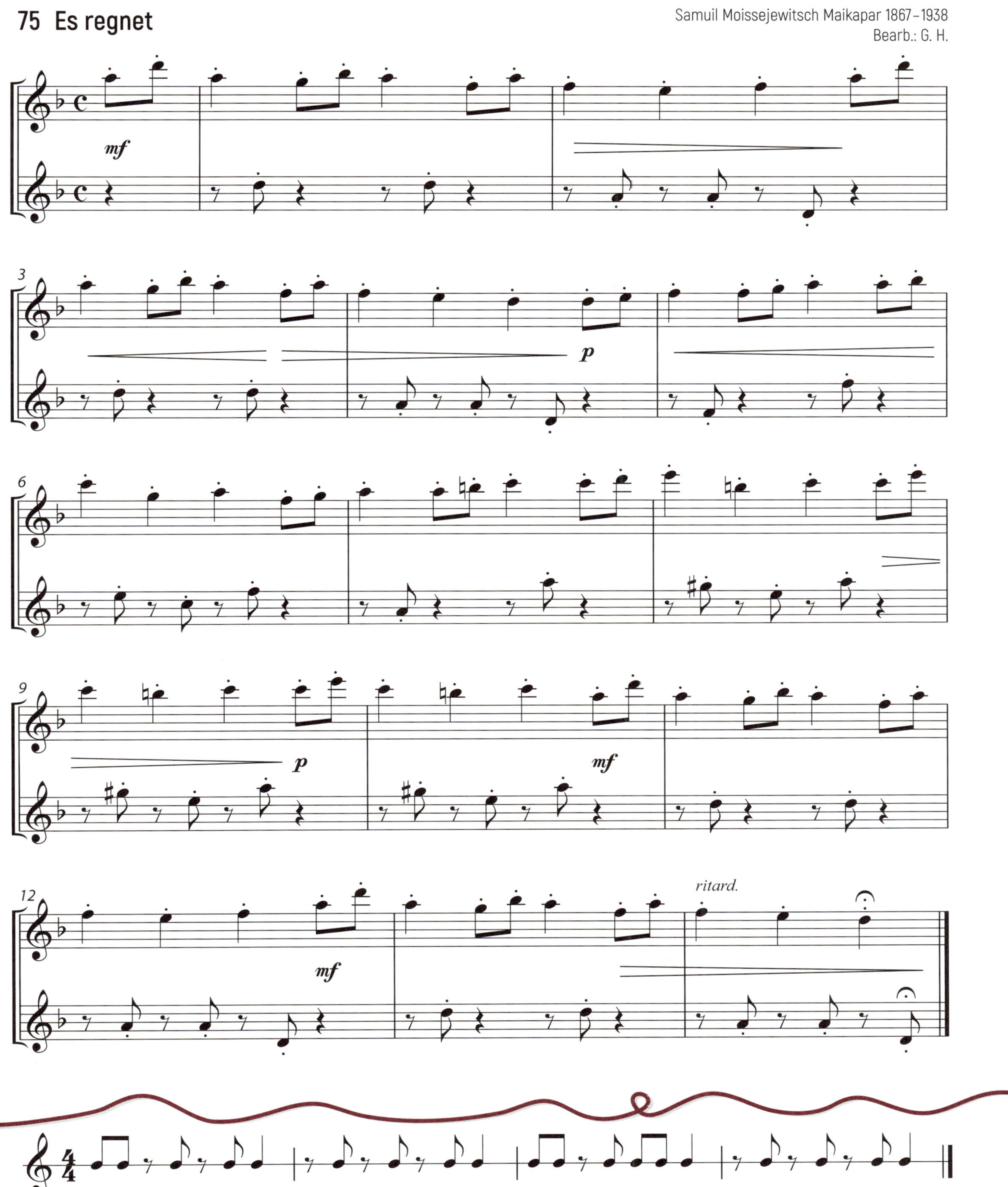

76 Aria

Georg Phillip Telemann
1681–1767
Bearb.: G. H.

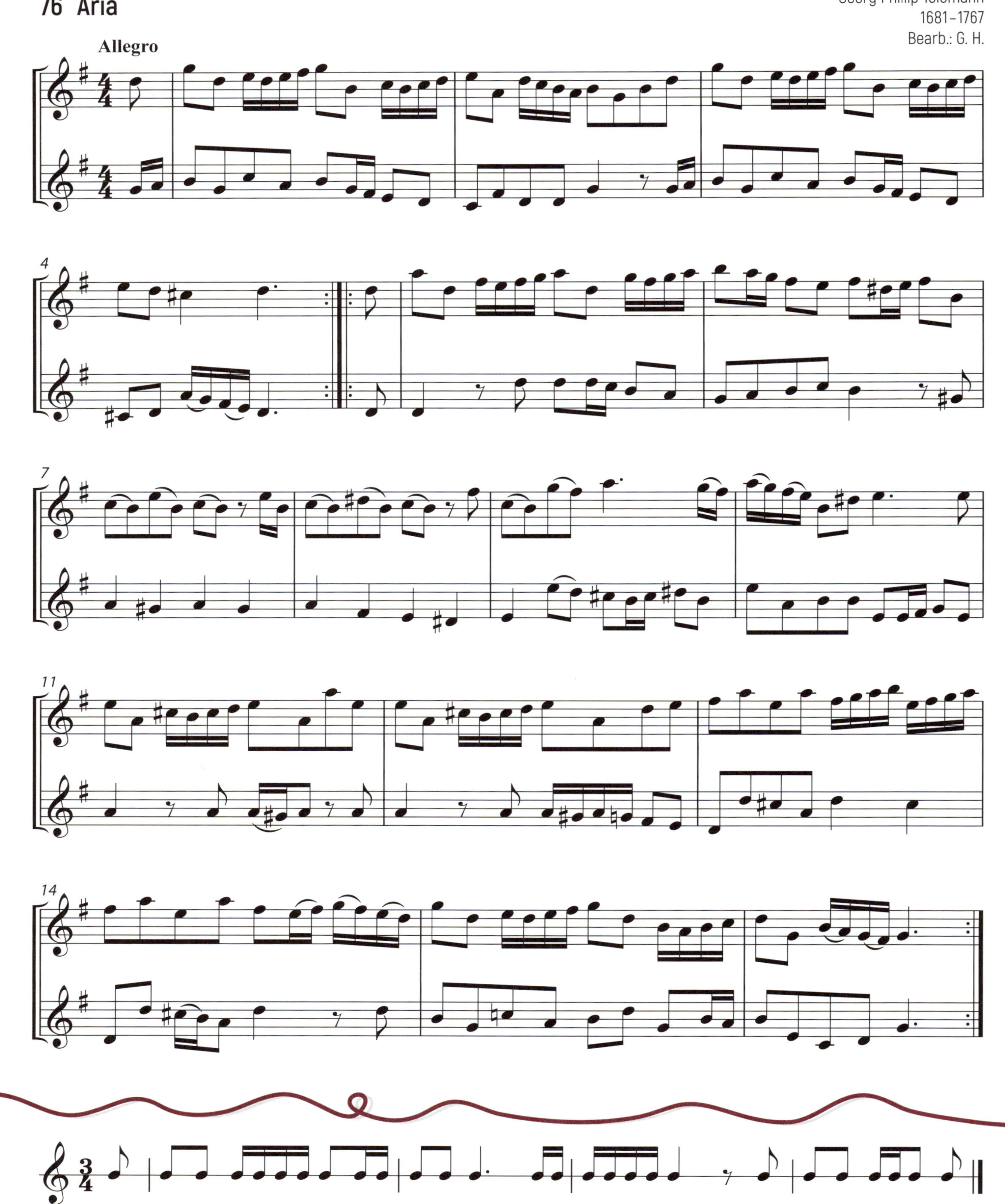

77 Chromatische Tonübung

Spiele sehr langsam und nimm dir viel Zeit zum Atmen.

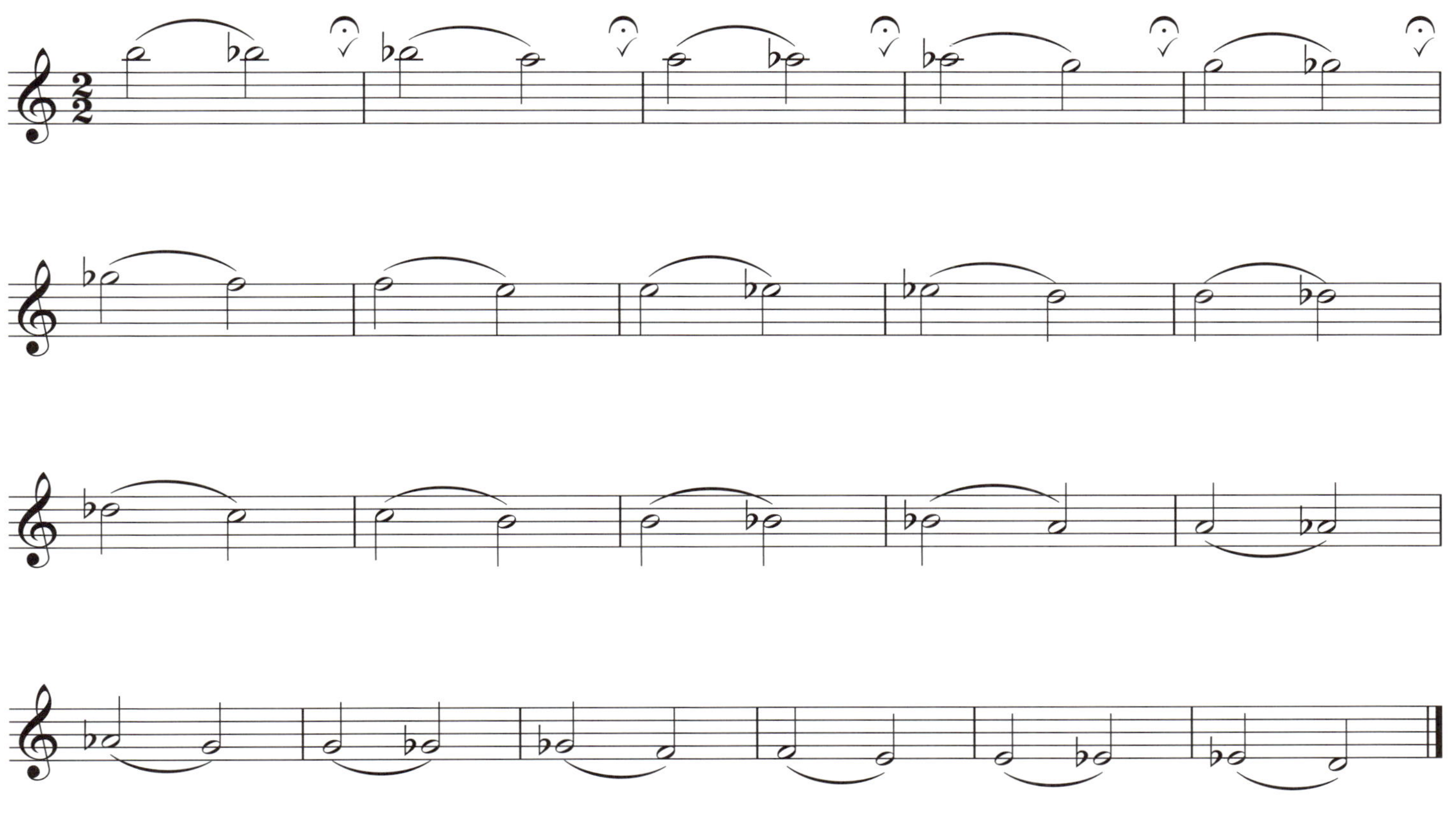

78 Noch eine chromatische Tonübung

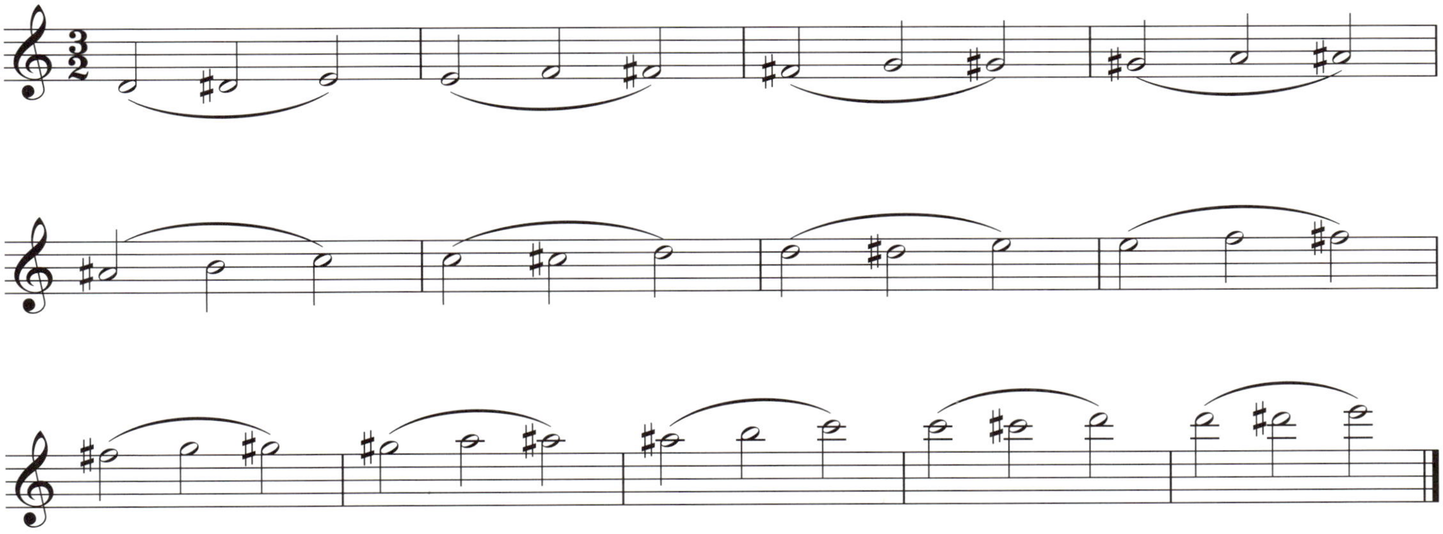

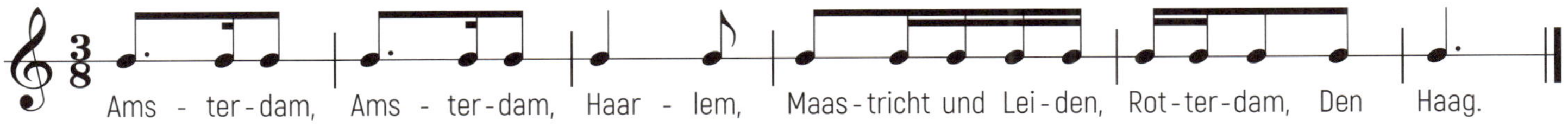

Ams - ter - dam, Ams - ter - dam, Haar - lem, Maas - tricht und Lei - den, Rot - ter - dam, Den Haag.

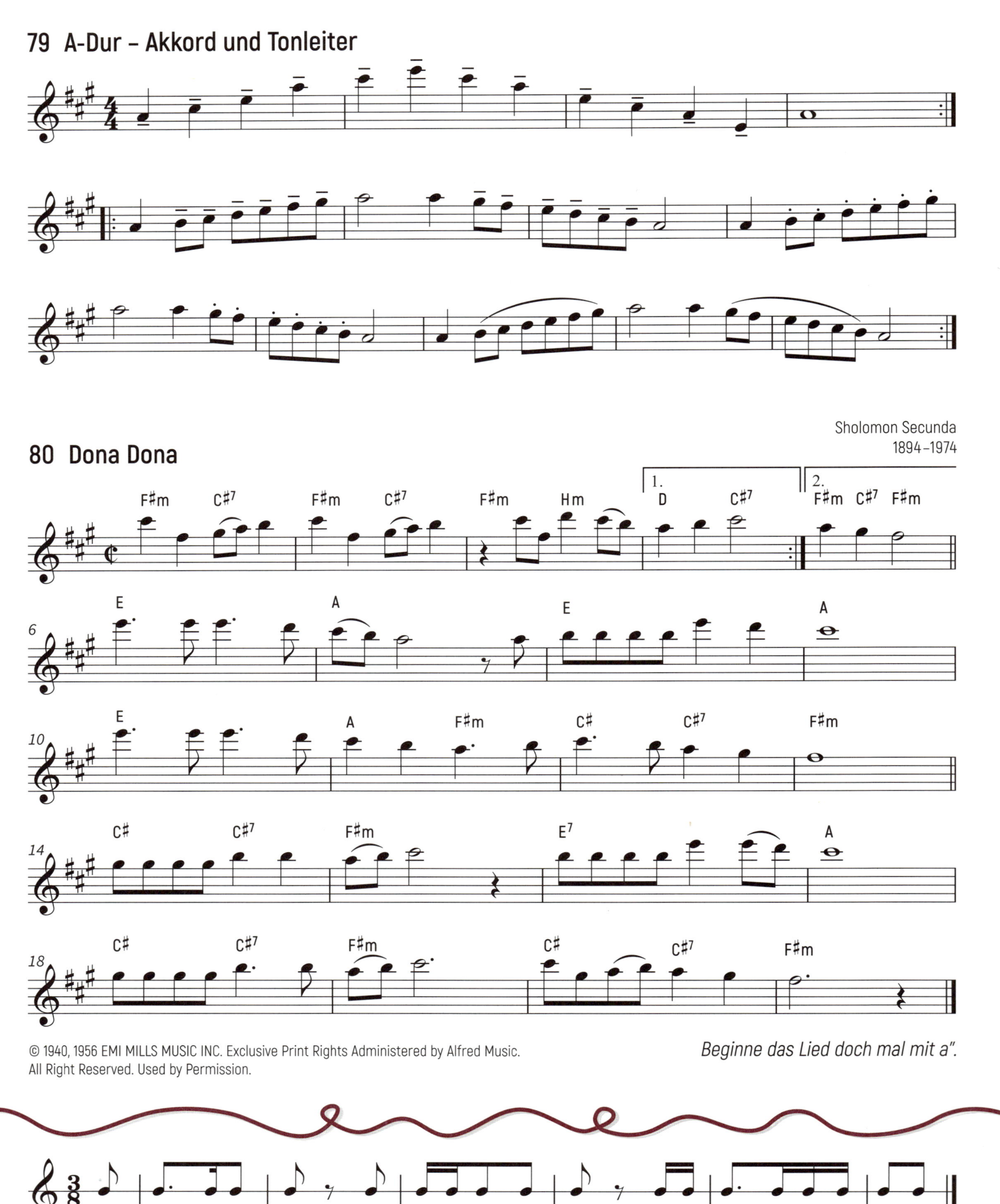
79 A-Dur – Akkord und Tonleiter
80 Dona Dona
Sholomon Secunda
1894–1974
F♯m C♯7 F♯m C♯7 F♯m Hm D C♯7 F♯m C♯7 F♯m
E A E A
E A F♯m C♯ C♯7 F♯m
C♯ C♯7 F♯m E7 A
C♯ C♯7 F♯m C♯ C♯7 F♯m
© 1940, 1956 EMI MILLS MUSIC INC. Exclusive Print Rights Administered by Alfred Music.
All Right Reserved. Used by Permission.
Beginne das Lied doch mal mit a″.
Es reg - net und stürmt, es don-nert laut und kracht und am Him - mel zu-cken Blit - ze.

81 Spottlied

Béla Bartók
1881–1945

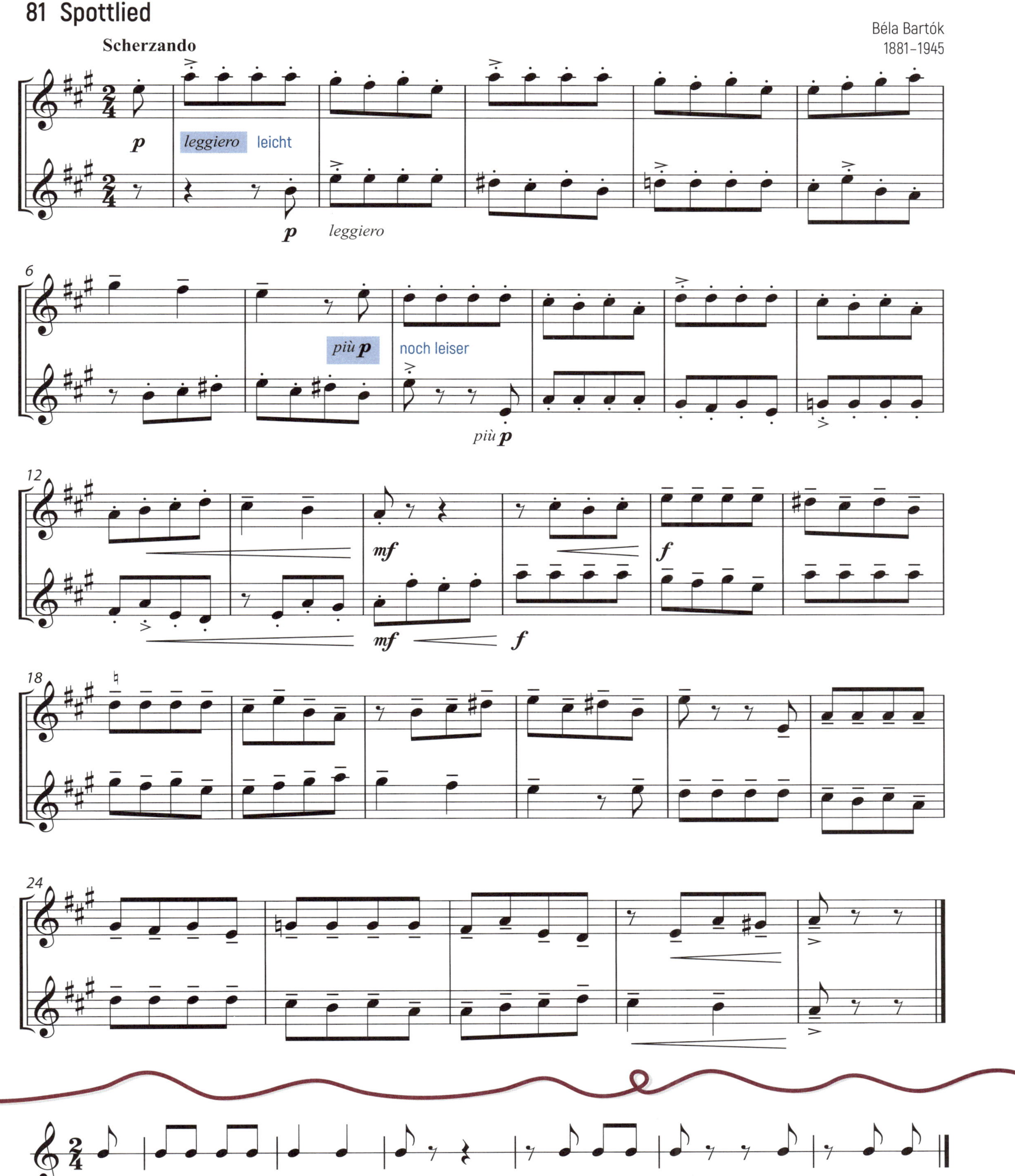

82 Ach, ich habe sie verloren

aus der Oper „Orpheus und Eurydike"

Christoph Willibald Gluck
1714 – 1787
Bearb.: G. H.

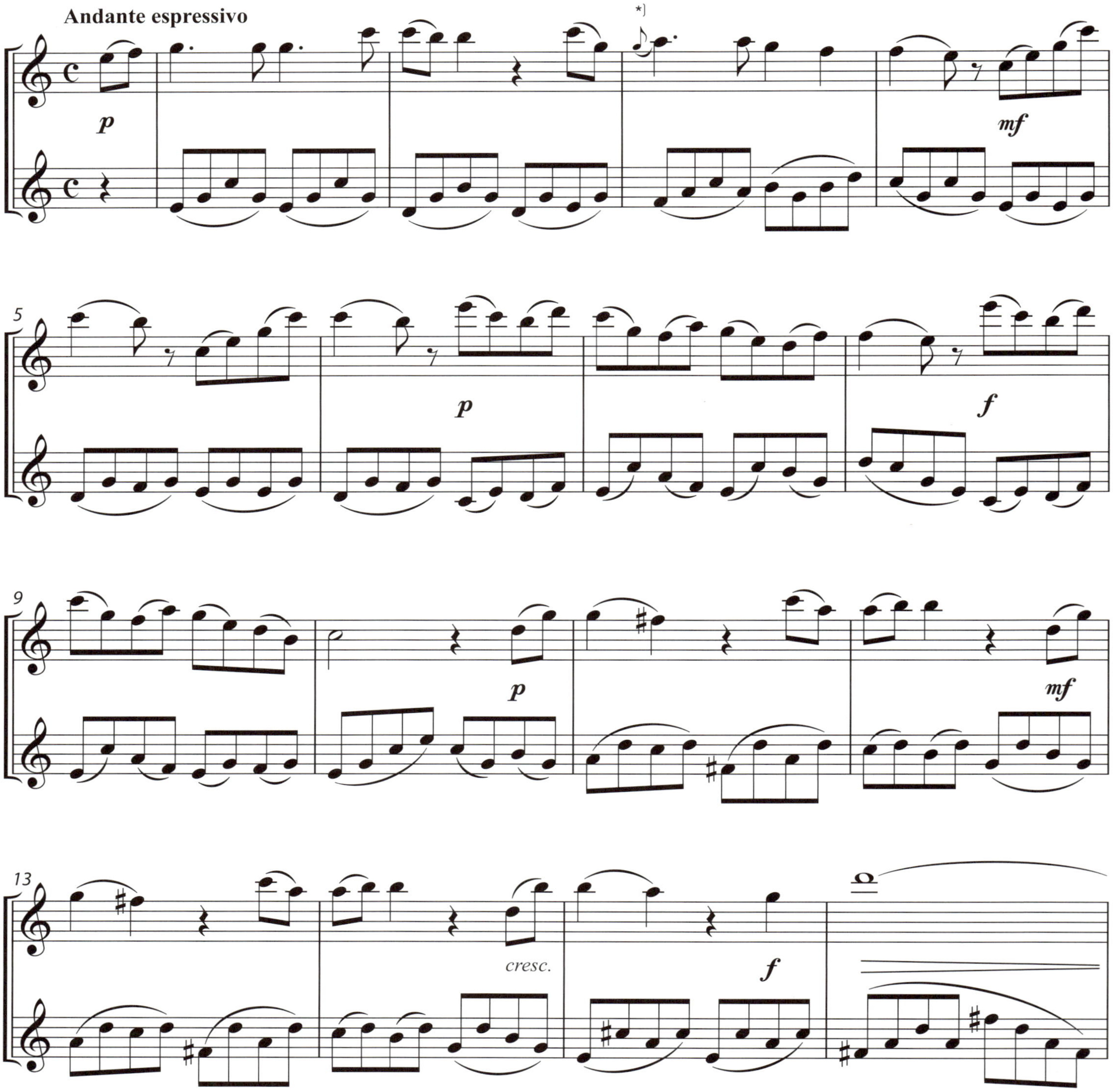

Andante espressivo

p *) *mf*

5 *p* *f*

9 *p* *mf*

13 *cresc.* *f*

) Die klein notierten Vorschlagsnoten werden hier als Achtelvorhalte gespielt.

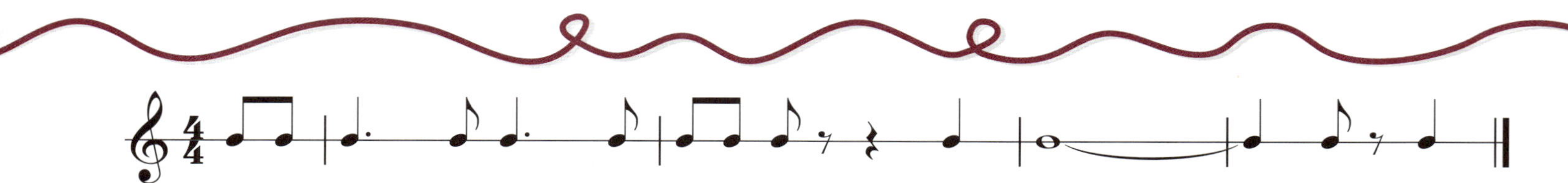

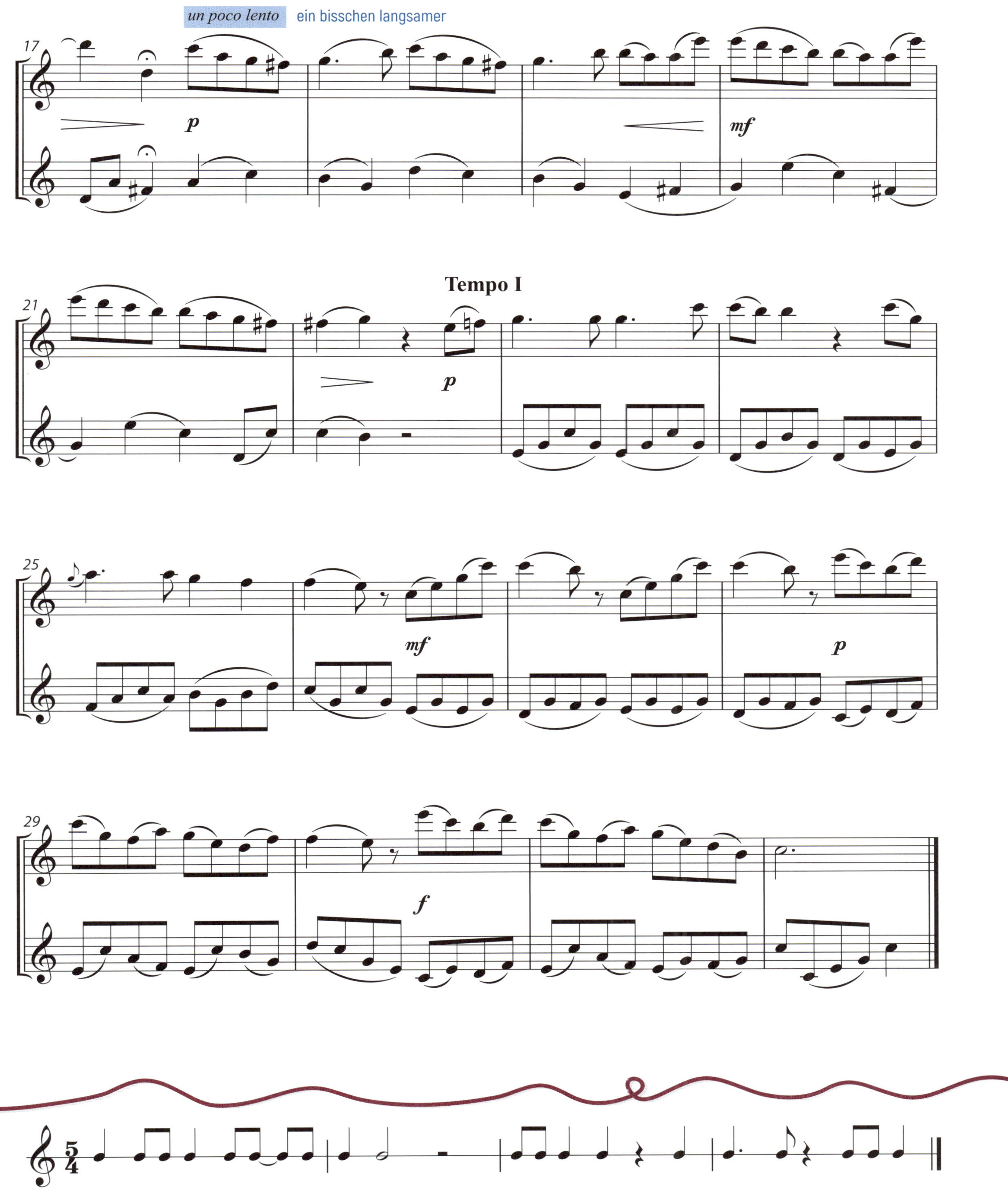
un poco lento
ein bisschen langsamer
17
p
mf
21
Tempo I
p
25
mf
p
29
f

83 Der Vogelfänger bin ich ja

aus der Oper „Die Zauberflöte"

Wolfgang Amadeus Mozart
1756–1791
Bearb.: G. H.

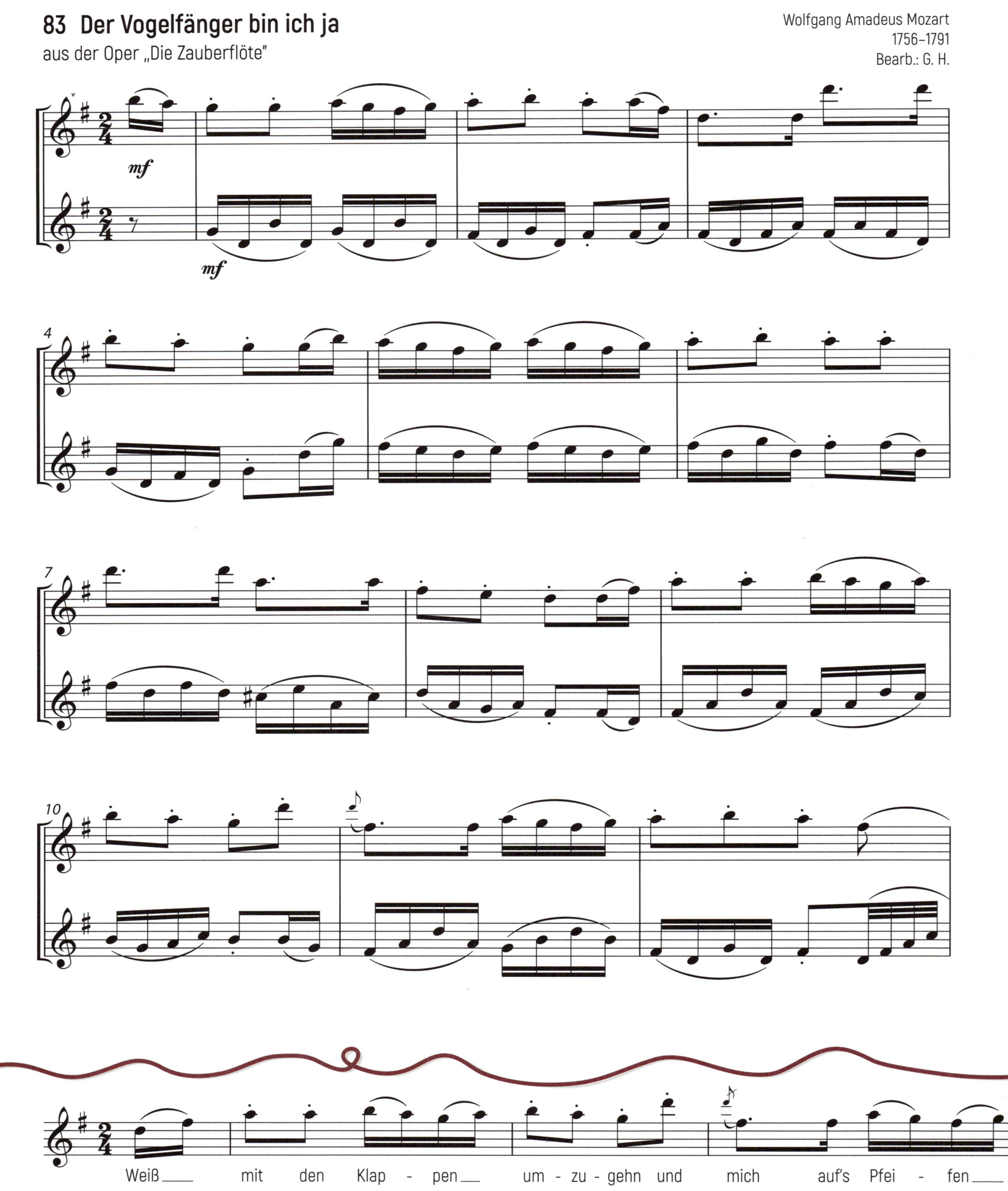

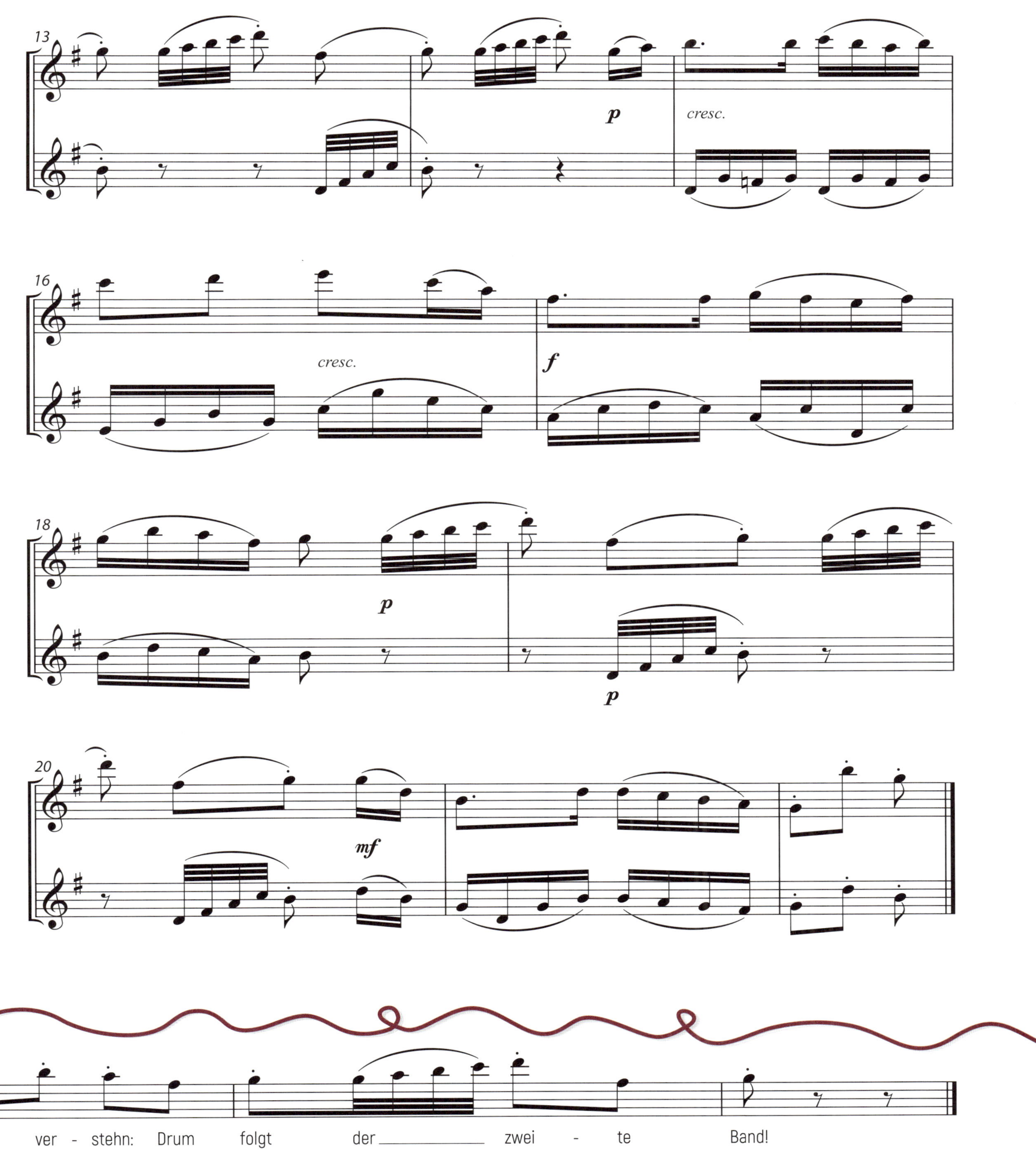
13
p
cresc.
16
cresc.
f
18
p
p
20
mf
zu ver - stehn: Drum folgt der ______ zwei - te Band!

Anhang

Notenwerte und Pausen

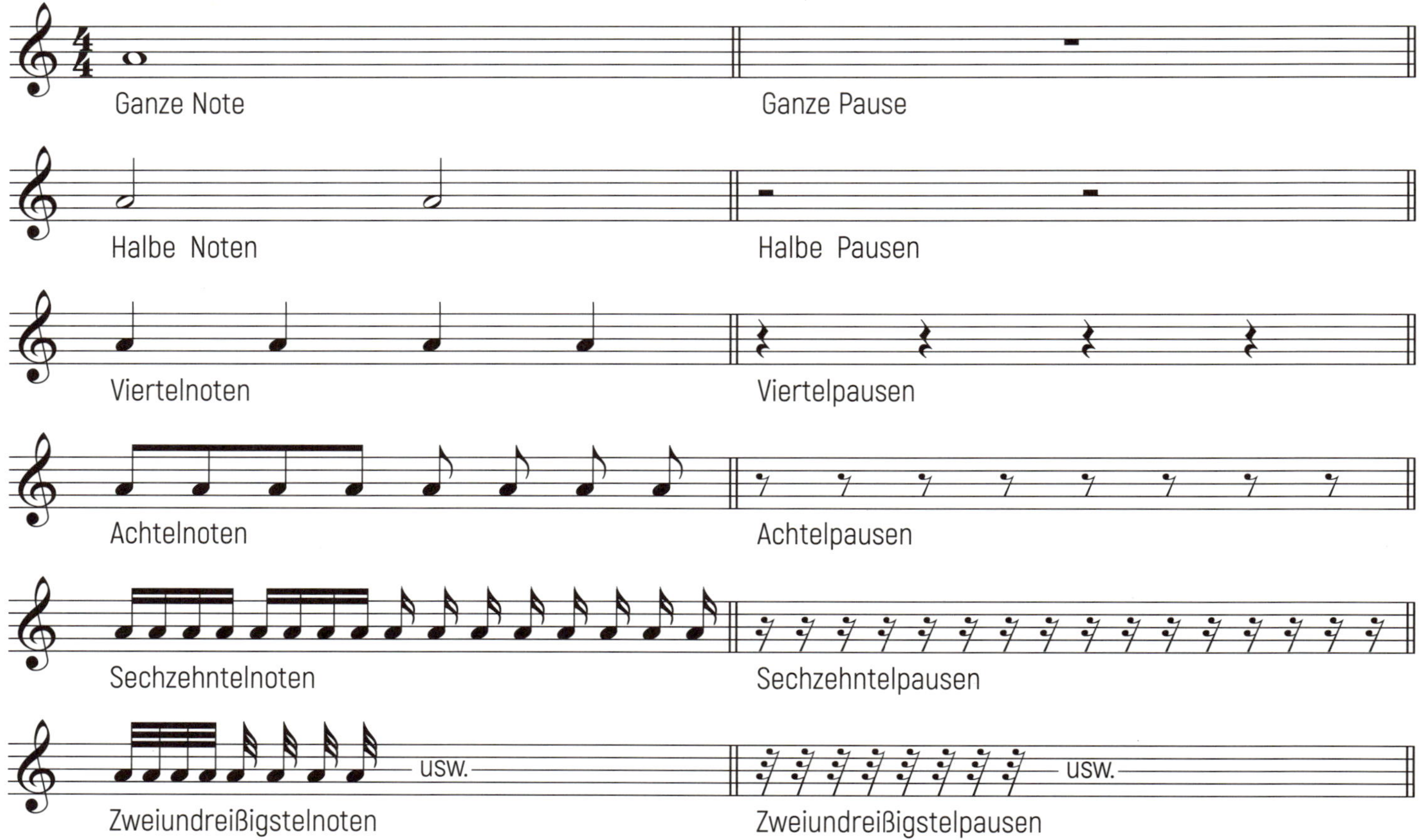

Punktierung

Ein Punkt hinter der Note (oder der Pause) verlängert sie um die Hälfte ihres Wertes.

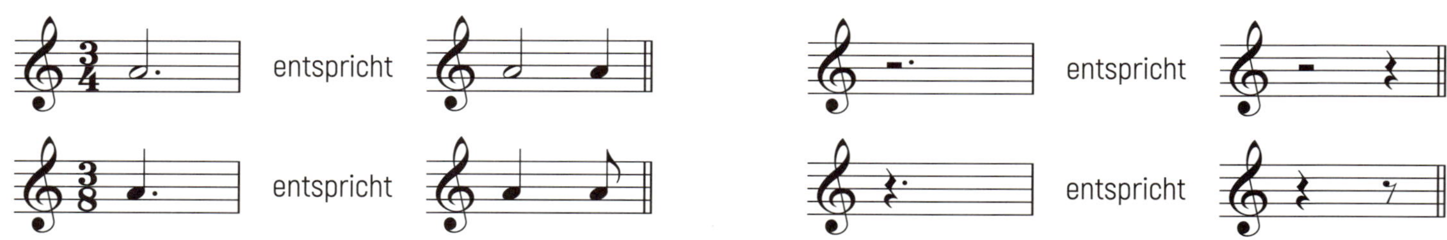

Triolen

Wird der Grundpuls dreigeteilt, entsteht eine Triole.

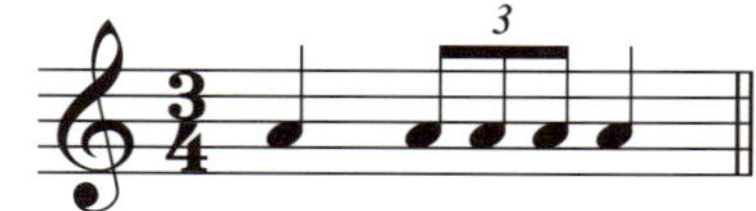

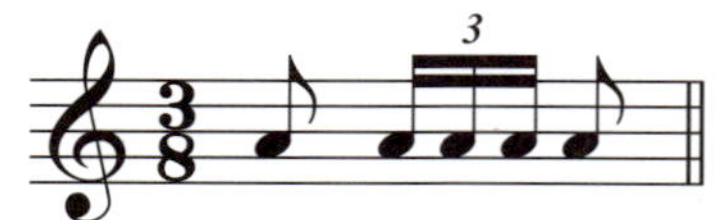

Taktarten

2/4 3/4 4/4 C 2/2 ₵ 3/2 3/8 5/8 6/8 7/8 9/8

Aufbau der Tonleitern

Jede Tonleiter besteht aus **Ganztonschritten** (= zwei Halbtonschritte) und **Halbtonschritten**.

Dur- und Moll-Tonleitern haben die Halbtonschritte **an unterschiedlichen Stellen.**

In der **Dur**-Tonleiter liegen die Halbtonschritte zwischen dem 3. und 4. und zwischen dem 7. und 8. Ton.

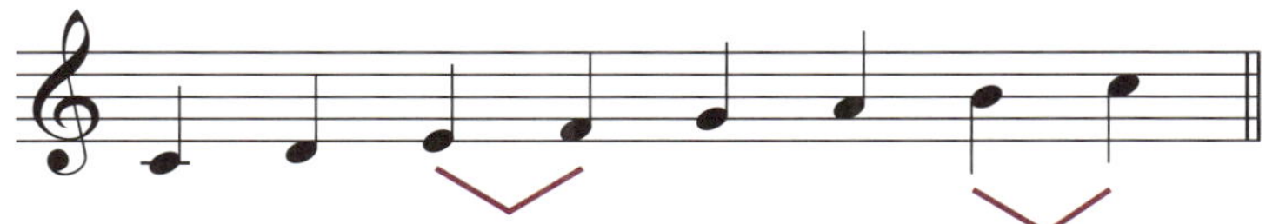

Bei der **Moll**-Tonleiter gibt es drei verschiedene Arten:

- In der **natürlichen/äolischen Moll-Tonleiter** liegen die Halbtonschritte zwischen dem 2. und 3. und zwischen dem 5. und 6. Ton.
- In der **harmonischen Moll-Tonleiter** liegen die Halbtonschritte zwischen dem 2. und 3., zwischen dem 5. und 6. und dem 7. und 8. Ton.

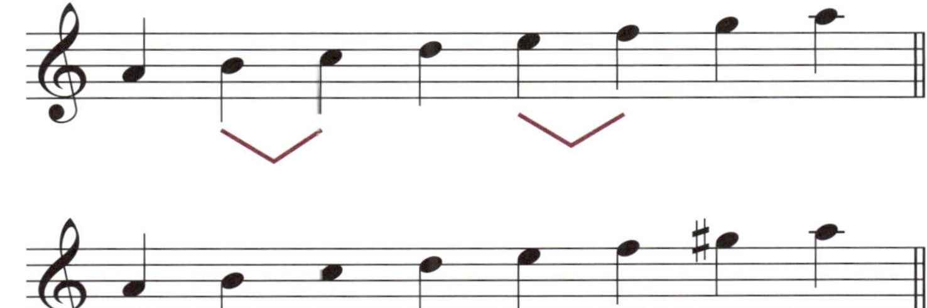

- In der **melodischen Moll-Tonleiter** liegen die Halbtonschritte aufwärts zwischen dem 2. und 3. und zwischen dem 7. und 8. Ton. Abwärts entspricht sie der natürlichen Moll-Tonleiter.

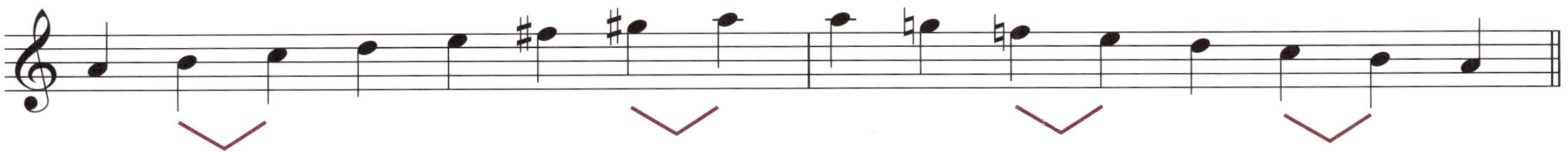

Klaviatur

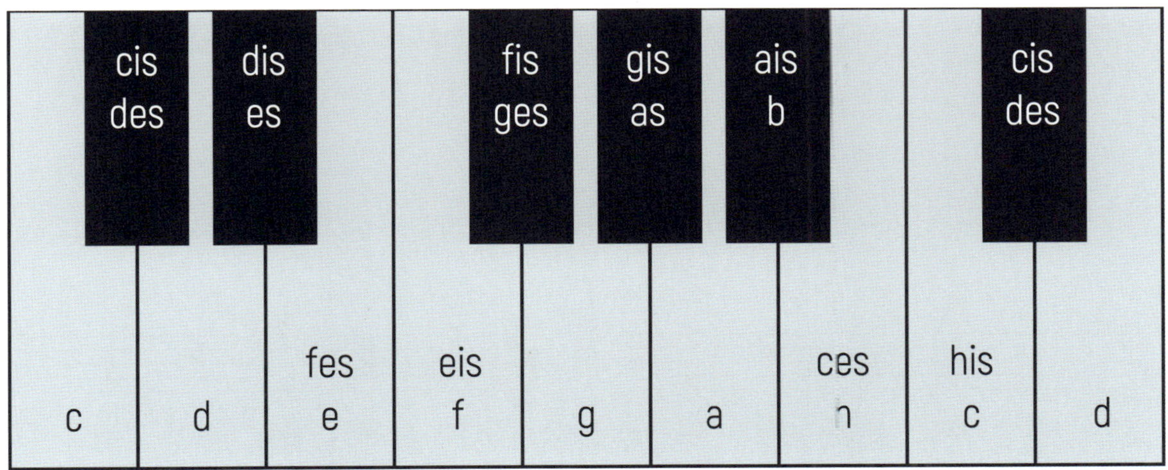

Quintenzirkel

Merksprüche für die Dur-Tonleitern

Frische Brötchen essen Asse des Gesangs

Geh, du alter Esel, hole Fische

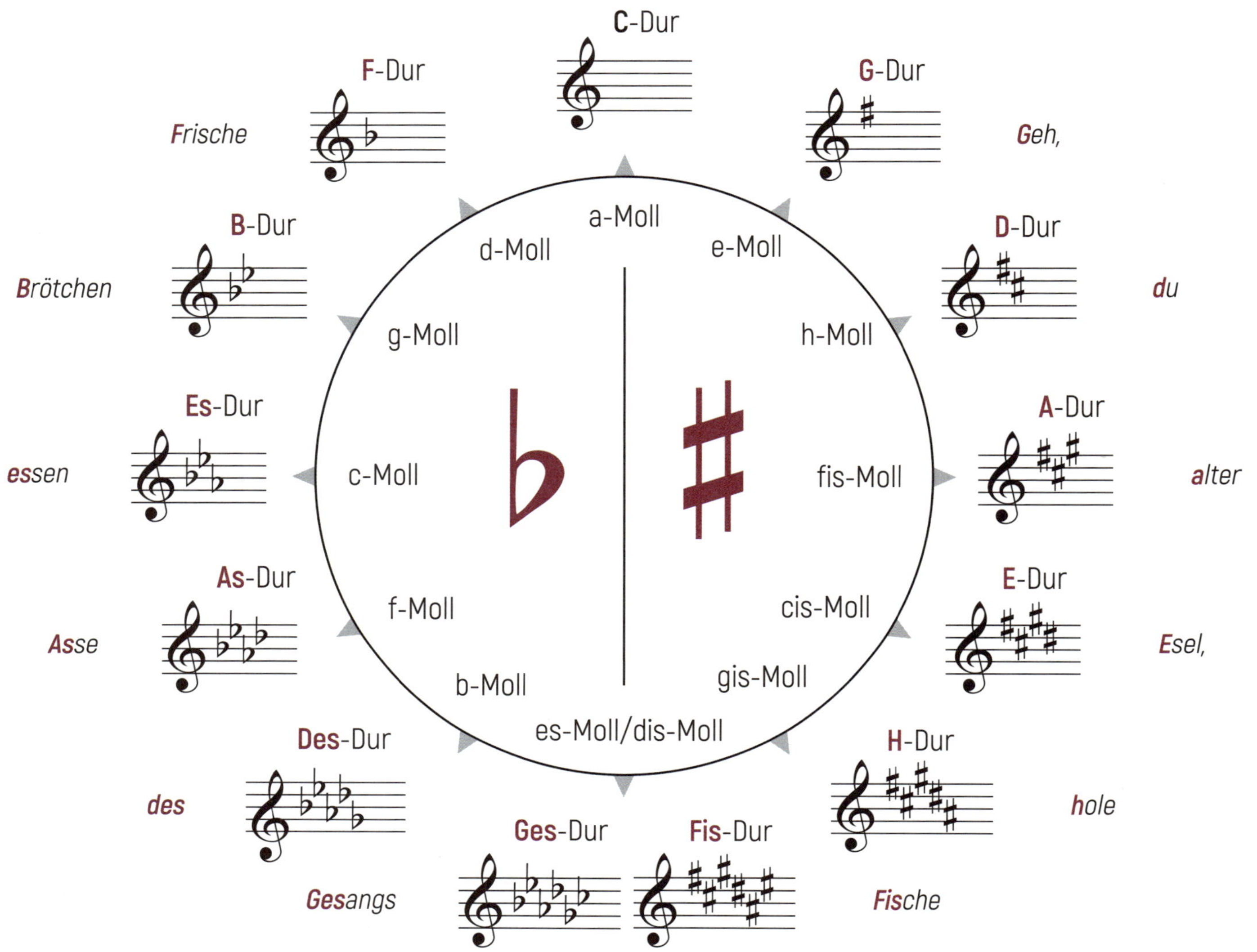

C-Dur

Frische F-Dur

Geh, G-Dur

Brötchen B-Dur

du D-Dur

essen Es-Dur

alter A-Dur

Asse As-Dur

Esel, E-Dur

des Des-Dur

hole H-Dur

Gesangs Ges-Dur

Fische Fis-Dur

a-Moll

d-Moll

e-Moll

g-Moll

h-Moll

c-Moll

fis-Moll

f-Moll

cis-Moll

b-Moll

gis-Moll

es-Moll/dis-Moll

♭ ♯

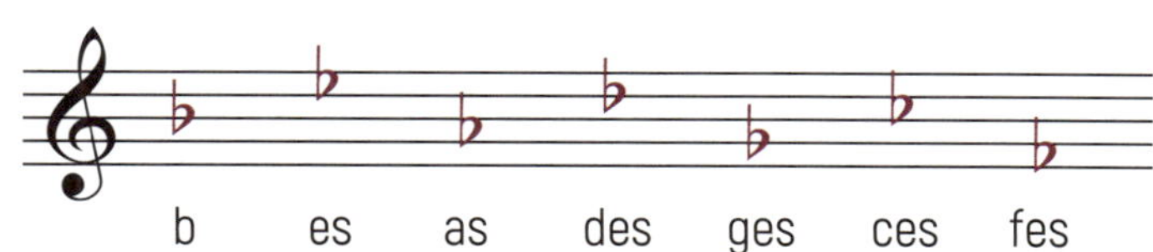

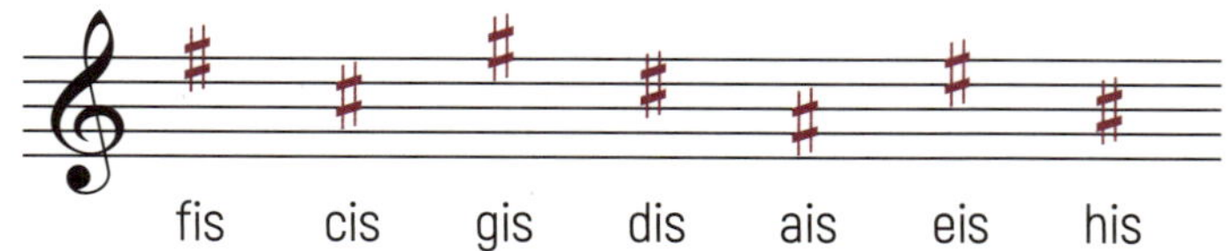

Musikalische Fachbegriffe

Musikalischer Begriff	Zeichen	Erklärung
accelerando	*accel.*	Tempo beschleunigen
al		bis
a tempo		wieder im alten Tempo
Adagio		langsam
agitato		bewegt, erregt, unruhig
Akkord		Drei- oder Mehrklang
Akzent	>	scharf gestoßener Forte-Ton, der sofort leise wird (Glockenschlag)
Alla-breve-Takt	𝄵	Taktart in Halben
Allegretto		scherzhaft, tändelnd, etwas langsamer als Allegro
Allegro		schnell, lebhaft
Andante		gehend, gemäßigt, ruhig
Andantino		ein bisschen bewegter als Andante
Aria		Lied, Gesangsstück
Artikulation		Stoß- und Bindearten
attaca	*att.*	unmittelbar weiterspielen
Auftakt		Unvollständiger Anfangstakt, der durch den Schlusstakt ergänzt wird.
Badinerie		Tändelei; Tanz im schnellen Zweiertakt
Blues		schwermütiges Musikstück im 4/4-Takt
Bourrée		lebhafter Tanz im geraden Takt mit Auftakt, oft im Alla-breve-Takt
Branle		historischer Reigen-Tanz im geraden Takt
cantabile		gesungen, singend
Canzona		Lied
chromatische Tonleiter		Tonleiter, die nur aus Halbtonschritten besteht
Coda		Ende, Schlussteil
commodo		gemütliches, bequemes Tempo
con spirito		mit Geist, lebhaft
Courante		Gesellschaftstanz im Dreiertakt mit Auftakt
crescendo	𝆒	lauter werden – Wieviel erträgt der Nachbar?
D.S. = Dal Segno	**Dal** 𝄋	„vom Zeichen an" spielen
Da capo (al fine)	**D.C.**	zurück zum Anfang (bis zum Ende)
decrescendo	𝆓	leiser werden – Die Nachbarn kommen heim.
diminuendo	*dim.*	leiser werden
dolce		süß
Doppelschlag	𝆗	Verzierung; Umspielen eines Tons mit der oberen und unteren Sekunde
Dynamik		Lautstärke
enharmonische Verwechslung		unterschiedliche Benennung eines Tones z. B. gis/as oder ais/b
espressivo/espressione		ausdrucksvoll/Ausdruck
Etüde		Übung
forte	***f***	laut – Die Nachbarn sind außer Haus.
Fermate	𝄐	Verlängerung der Note

Musikalischer Begriff	Zeichen	Erklärung
Fine/finis		Ende
fortissimo	*ff*	sehr laut
forte fortissimo	*fff*	so laut wie möglich – Egal, was die Nachbarn denken.
Flageolett		Oberton
Gaiment		lustig, fröhlich, heiter
Gavotte		rascher Tanz im geraden Takt, oft mit halbtaktigem Auftakt
Gigue/Giga		lebhafter Tanz; oft im 3/8-, 6/8- oder 12/8-Takt
grazioso		graziös, anmutig
Habanera		ruhiger spanischer Tanz im geraden Takt
Hemiole		Betonungsverschiebung im Dreiertakt
Hornpipe		englischer Tanz im lebhaften Tempo
Intonation		Feinabstimmung von Tonhöhen
Lamento		Klagegesang
Largo		breit, sehr langsam
legato	⌒	gebunden
leggiero	*legg.*	leicht, luftig, duftig
lento		langsam
lusingando		schmeichelnd, gefällig, spielerisch
marcia (Tempo di marcia)		im Marschtempo
Menuett/Menuet		Tanz im Dreiertakt
Metronom		Gerät, das in verschiedenen Tempi einen gleichmäßigen Rhythmus angibt.
mezzoforte	*mf*	mittellaut
Moderato		gemäßigt
molto		sehr, viel
Mordent		kurze Trillerbewegung von der Hauptnote zur unteren Nebennote
mosso		bewegt
mezzopiano	*mp*	mittelleise
Musette		französischer Volkstanz
Ouvertüre		instrumentales Einleitungsstück der Oper
piano	*p*	leise – Die Nachbarn haben sich beschwert.
pesante		schwerfällig, wuchtig
più		mehr
poco		ein bisschen
Polska		skandinavischer Volkstanz im Dreiertakt
portato	–	breit, dicht gestoßen
pianissimo	*pp*	sehr leise – Die Nachbarn stehen vor der Tür.
piano pianissimo/piano possibile	*ppp*	so leise wie möglich
Pralltriller/Praller		kurze Trillerbewegung von der Hauptnote zur oberen Nebennote
Prélude/Präludium		Vorspiel
Presto		sehr schnell
rallentando	*rall.*	langsamer werden

Musikalischer Begriff	Zeichen	Erklärung
Rigaudon		altfranz. Tanz im geraden Takt, meist mit Auftakt
ritardando	*rit.*	langsamer werden
Rondeau/Rondo		Rundtanz
rubato		frei im Zeitmaß
Samba		lateinamerikanischer (ursprünglich: afrikanischer) Tanz im geraden Takt
Sarabande		langsamer Tanz im Dreiertakt; oft Akzent auf der zweiten Zählzeit
scherzando		heiter
Scherzo		schneller Tanz im Dreiertakt, Fränkisch: Es gehört so
sempre		immer
senza		ohne
sforzato	***sf***	plötzliche Betonung
Sicilienne/Siciliano		ruhiger Tanz aus Sizilien im punktierten 6/8- oder 12/8-Takt
simile	*sim.*	ähnlich spielen wie zuvor angegeben
sotto voce		mit gedämpfter Stimme, halblaut
staccato	·	kurz, scharf gestoßen
Synkope		Betonungsverschiebung
tenuto	—	breit, dicht gestoßen
Triller	***tr***	schneller Tonwechsel zwischen dem notierten und dem nächsthöheren Ton
Triste		traurig, wehmütig
Üben		gelegentlich lästige Voraussetzung auf dem Weg zur Perfektion
un poco		ein wenig
unisono		einstimmig
Vivace		lebhaft
Walzer		Tanz im Dreiertakt
Zwiefacher		schneller, süddeutscher Volkstanz mit wechselnden Zweier- und Dreiertakten

Versetzungs- und Auflösungszeichen

... beziehen sich immer auf den ganzen Takt.

♯	Kreuz-Versetzungszeichen	erhöht die Note um einen Halbton
♭	b-Versetzungszeichen	erniedrigt die Note um einen Halbton
♮	Auflösungszeichen	die Versetzungszeichen werden ungültig
𝄪	Doppelkreuz	erhöht die Note um zwei Halbtöne (fisis ≈ g oder disis ≈ e)
𝄫	Doppel-b	erniedrigt die Note um zwei Halbtöne (deses ≈ c oder geses ≈ f)

Alphabetisches Verzeichnis der Musikstücke

Grifftabelle

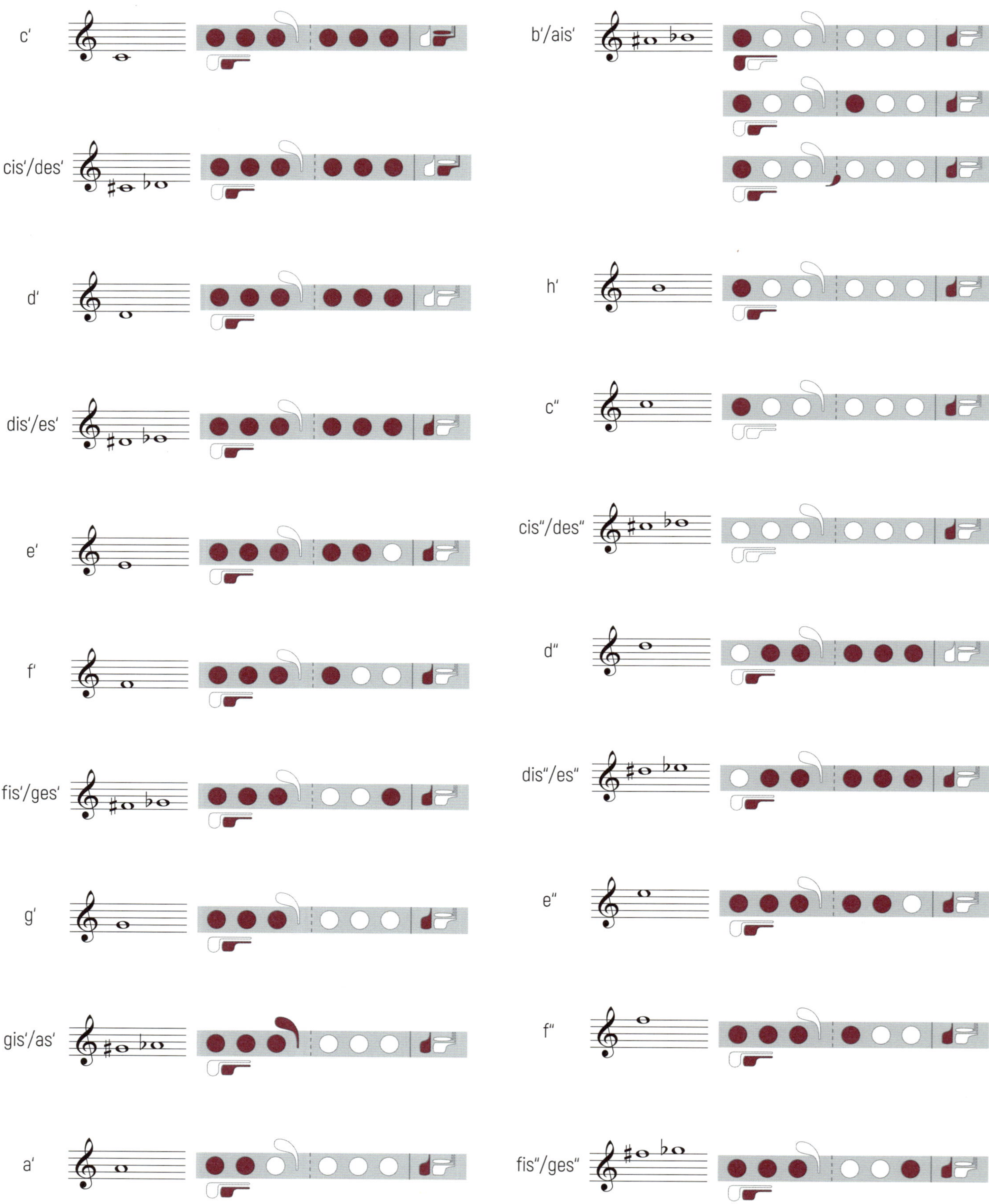

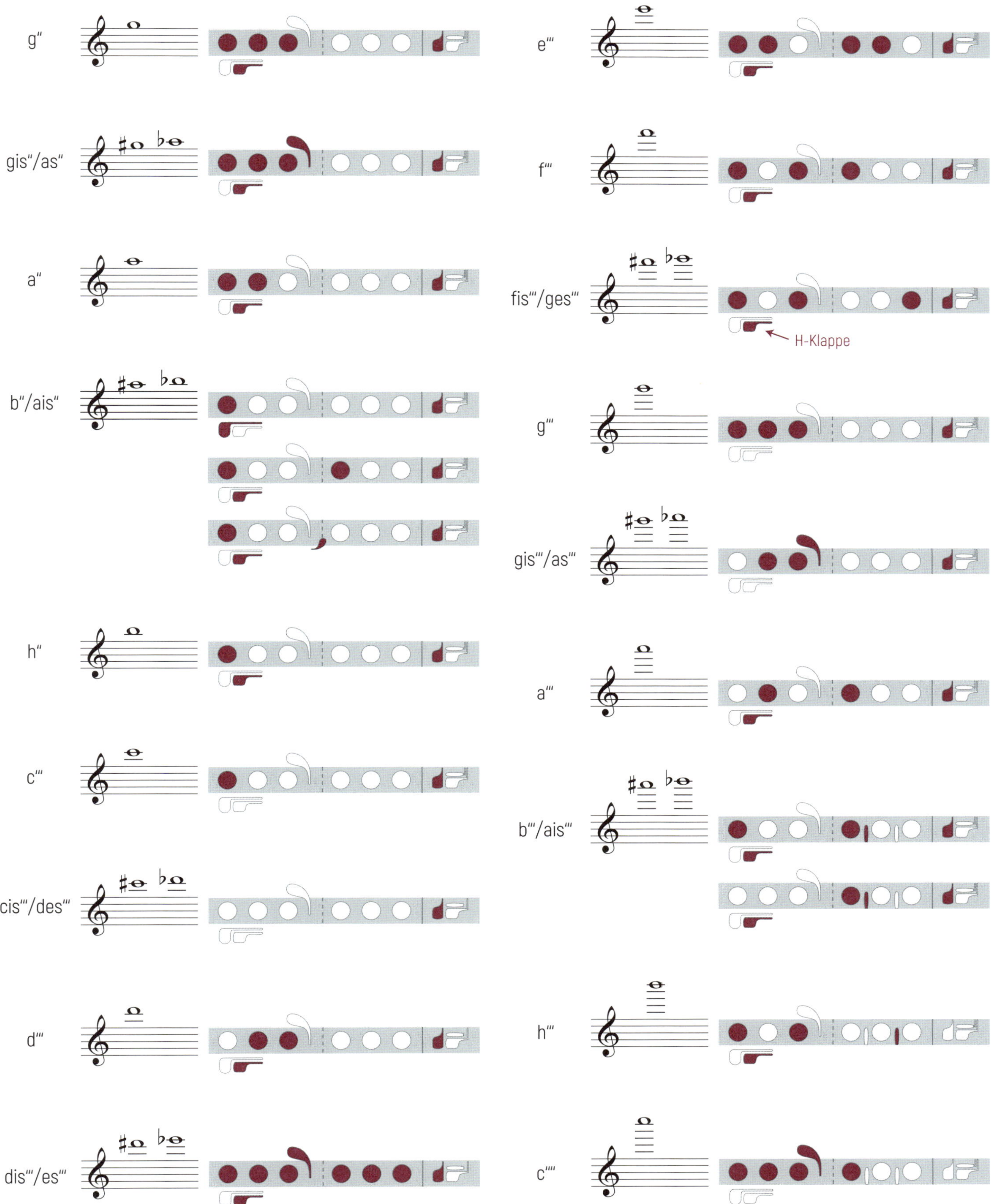
g''
gis''/as''
a''
b''/ais''
h''
c'''
cis'''/des'''
d'''
dis'''/es'''
e'''
f'''
fis'''/ges'''
H-Klappe
g'''
gis'''/as'''
a'''
b'''/ais'''
h'''
c''''

Rund um die Flöte und der Flöte entlang

Die Querflöte wird, obwohl ganz aus Metall, zu den Holzblasinstrumenten gezählt. Das liegt an der Art der Tonerzeugung, die noch genauso funktioniert wie bei ihren historischen Vorgängerinnen, die aus Holz waren. Manchmal wird sie auch als **Böhm-Flöte** bezeichnet, da Theobald Böhm (1794–1881) das bis heute gebräuchliche Klappensystem entwickelt hat.

Das gängige Instrument ist die C-Flöte. Außer ihr gibt es noch die eine Oktave höher klingende Piccoloflöte und in den tieferen Lagen die Alt-, Bass-, Kontrabass- und Subkontrabassflöten.

Die Anfängerinstrumente sind in der Regel aus Neusilber, einer Kupfer-Nickel-Zink-Legierung. Eine klangliche Verbesserung bietet eine Mundplatte oder ein Kopfstück aus Vollsilber. Bei hochwertigeren Flöten ist das ganze Instrument aus Legierungen mit Vollsilber, Gold oder anderen Edelmetallen. Dies ist eine Frage des Klangideals und des Geldbeutels. Mittlerweile werden auch wieder Querflöten aus Grenadill-Holz oder anderen Hölzern hergestellt.

Im Gegensatz zu den **geschlossenen** (gedeckelten) **Klappen**, verbessern die **Ringklappen** (offene Klappen) die Fingerhaltung. Sie ermöglichen Glissandi und einen Intonationsausgleich. Die Klappen sind entweder in einer Linie **(Inline)** oder etwas versetzt **(Offset)** angeordnet. Letzteres ist im mitteleuropäischen Raum gebräuchlicher und für den linken Ringfinger komfortabler. Mittlerweile hat sich die **E-Mechanik** durchgesetzt. Sie ist empfehlenswert, da sie die Ansprache und die Intonation des e‴ verbessert. Normalerweise sind Flöten mit einem **C-Fuß** ausgestattet, was für die allermeiste Literatur vollkommen ausreichend ist. Mit einem H-Fuß ist es möglich, noch einen Halbton tiefer zu spielen.

Beim **Kauf einer Flöte** sollte man auf Klangschönheit, ausgeglichene Register, eine reine Intonation, leichte Ansprache und eine solide Mechanik achten. Angebote im Internet erscheinen auf den ersten Blick oft günstig, aber wir empfehlen, ein Musikinstrument bei einem **Fachhändler** zu kaufen. Nur dort bekommt man eine fachkundige Beratung und den nötigen Service.

Um die Flöte zusammenzubauen, wird zunächst das **Kopfstück** in das **Mittelstück** gesteckt. Durch vorsichtiges Hin- und Herdrehen vermeidet man, dass sich beide Teile verkanten. Danach wird das **Fußstück** mit dem Mittelstück verbunden. Das **Mundloch** des Kopfstücks liegt in der Verlängerung der (meisten) Klappen und das Fußstück wird so gedreht, dass die Achsen jeweils auf die Mitte der Klappen zeigen. Man sollte am äußeren Ende des Kopfstücks, der **„Krone"**, nicht drehen, damit sich nicht die Stimmung des Instruments verändert.

Nach dem Üben wird die Flöte **außen** mit einem **weichen Tuch** (Mikrofaser) und **innen** mit einem saugfähigen **Baumwolltuch** (alte Herrentaschentücher sind ideal) gereinigt. Dieses – nach dem Putzen feuchte – Tuch sollte auf keinen Fall in den Flötenkasten gelegt werden, damit die Polster der Klappen nicht aufquellen.

Sehr praktisch sind **Etuis**, in die der ganze Flötenkasten gesteckt wird. Sie haben Tragegriffe oder Riemen und Reißverschlussfächer für Putztücher, Bleistift, Radiergummi, Metronom, Stimmgerät oder Liebesbriefe. Außerdem ist das Instrument so vor Stößen, extremen Temperaturen und Nässe geschützt.

Ab und zu „kleben" die Polster etwas und erzeugen ein **schmatzendes Geräusch**. Dem kann abgeholfen werden, indem man die Polster mit Zigarettenpapier abtupft.

Oft werden wir gefragt, ob das Tragen einer **Zahnspange** das Flötespielen behindere. Diese zwar unangenehme, oft nicht zu vermeidende Phase, wird aber erfahrungsgemäß erstaunlich gut bewältigt.